AF277211

MATAR
UN BAR
CARLES
ARMENGOL

MATAR
UN BAR

Una elegía
tabernera sobre
la defunción de
nuestras barras

*Colección
Hojas de col*

CARLES
ARMENGOL

HC07

Matar un bar
de Carles Armengol
Primera edición: septiembre de 2025
Colección: Hojas de col, 7

© 2025, de los textos, Carles Armengol
© 2025, Col&Col Ediciones
Corrección ortotipográfica: Judith de Diego
Editora de la colección: Lakshmi Aguirre
Diseño de la colección: Karakter Studio

ISBN: 978-84-19483-69-0
Depósito legal: MA 1266-2025
THEMA: W WB
Impreso en España
www.colandcol.com

Sobre el autor

Carles Armengol (Barcelona, 1981) creció correteando entre las mesas de la casa de comidas que regentaban sus padres en Collblanc. Ya entonces le interesaba observar el comportamiento y las contradicciones de la gente que pasaba por el bar, un interés que se ha mantenido a lo largo del tiempo y que plasmó en *Collado. La maldición de una casa de comidas* (Colectivo Bruxista, 2022).

Como psicólogo, entregó su alma al diablo durante diez años para asesorar a multinacionales de todo tipo sobre cómo podrían conectar con el pueblo llano con la finalidad de venderles más productos y servicios. También se ha visto obligado a servir cócteles de bienvenida y blinis de salmón ahumado en bodas y restaurantes pijos para sobrevivir.

Hoy se le puede encontrar en el bar-cafetería de la Librería +Bernat (Barcelona). Desde la trinchera de su barra, da de comer y beber a la gente del barrio como un acto político hacia lo tangible, analógico y cercano.

ÍNDICE

LA ROMANTIZACIÓN DE UNA MALDICIÓN

Pasé toda mi niñez trotando entre las mesas del Collado, la casa de comidas que regentó mi familia durante más de ochenta años en Collblanc, un barrio fronterizo entre Barcelona y Hospitalet de Llobregat. Mientras mis hermanos mayores trabajaban sábados y domingos con el resto de los camareros, yo gozaba de un desfile constante de personajes pintorescos. Era el rey de la casa. El niño mimado que vivía en un circo rodeado de artistas que, con sus rarezas y extravagancias, llenaban de luz y color nuestro negocio. Tipos cirróticos, con un aliento que apestaba a madera podrida por la humedad del barro; señoras ludópatas con el maquillaje descompuesto, como en una noche de fiesta que acaba en comisaría; payasos cocainómanos disfrazados con trajes del Zara; mujeres de vida alegre que fumaban como si se hubiesen escapado de un hospital psiquiátrico. Todos me acariciaban la coronilla cuando volvía del colegio y me daban consejos para que aprendiese a levantarme cuando las inclemencias de la edad adulta me apaleasen con toda su ira.

Esa infancia de estilo circense fue divertida hasta el día en que mis padres me dijeron aquello de: «Mientras vivas en esta casa, tendrás que ayudarnos como tus hermanos». Con ese *ayudarnos* evitaron tener que reconocer en público que utilizaban a sus hijos como mano de obra para el negocio. Los niños nos *ayudan* los fines de semana y cuando juega el Barça. Y así estuve, *ayudando*, durante quince años. Era lo que había. Corrían los noventa y había pasta a mansalva. Si bregabas duro, el sistema capitalista te recompensaba con un coche con más caballos que en el hipódromo de Ascot y una segunda residencia en la costa mediterránea. Pero todo tenía un precio. El pacto con el sistema suponía entregarte en cuerpo y alma a la causa. Mis padres trabajaron una media de trece horas diarias durante toda su vida. A cambio, la nevera estaba siempre tan llena de alimentos frescos que no quedaba espacio para productos de marca blanca. Siempre tuve un plato humeante y reconfortante sobre la mesa, una cantidad desorbitada e insultante de juguetes y una buena educación en un colegio privado de la zona alta de Barcelona.

Se podría decir que fui un niño feliz que vivió las últimas décadas de la abundancia dentro del seno de una familia de clase trabajadora.

*

Las empresas familiares son, desde hace eones, los pilares que sostienen la humanidad. La familia es lealtad y confianza. Si unimos estos valores con el objetivo de asegurar la supervivencia económica de los hijos y el crecimiento empresarial de las futuras generaciones, podemos afirmar que, a su vez, han sido las encargadas de idealizar —y humanizar— los ideales del capitalismo. La familia unida jamás será vencida. Sin ir más lejos, en España tenemos empresas como Inditex, El Corte Inglés, Mercadona o Puig; imperios que se alzaron entre padres e hijos y que, en la actualidad, lideran ránquines mundiales de ventas.

Las estanterías están llenas de libros que relatan historias sobre progenies que luchan contra viento y marea por sobrevivir en un mundo hostil que avanza demasiado deprisa. Todos tenemos en casa una caja de zapatos con películas DVD de inicios de los dos mil que romantizan el sacrificio de progenitores y vástagos que permanecen unidos para que la charcutería que fundó su bisabuelo judío en un barrio humilde del extrarradio de Chicago no acabe bajando la persiana debido a la gentrificación. No debemos dejarnos ablandar el corazón por esas bandas sonoras lacrimógenas que almibaran finales —aparentemente— felices. Esa niña de ojos azules y tirabuzones dorados que ficha cada sábado a las seis de la mañana en la granja familiar en realidad preferiría estar durmiendo en casa de Stacy, junto con el resto de sus amigas, después de pasarse la noche anterior patinando en la *roller disco* y bebiendo batidos de chocolate hipercalóricos.

Crecer en una familia en la que padres y hermanos se convierten, de la noche a la mañana, en jefes y compañeros de trabajo es una putada; una maldición heredada. Durante la infancia, vives como un niño que juega a ser antropólogo, que usa la etnografía como método de investigación cualitativa y observa *in situ* cómo los adultos se desenvuelven en su hábitat laboral. Hasta que llega un día en el que la voz se subleva y las palabras salen de tu boca forcejeando entre notas agudas y graves, con el ímpetu de querer crecer, de dejar atrás la niñez. Los pómulos se transforman en un terreno volcánico plagado de cráteres. Es ahí cuando, de repente, te conviertes en mano de obra para el negocio. Y el odio comienza a brotar como lava expulsada de las entrañas del infierno.

CAN PORRÓ

—Esto siempre está hasta la bandera.

—Olvídate de pillar sitio sin reserva.

—Pues nos quedamos aquí y ya está. Las barras de los bares son los boxes de la Fórmula 1; parada técnica, ¡pim, pam! y a seguir funcionando.

—Ya, sí… —asiente Marina con la mirada puesta en un cuadro de Cacaolat que le recuerda a cuando las marcas regalaban *souvenirs* innecesarios a los bares.

—¡Cuidado, que vengo por Detroit! —Marina y Alberto reaccionan con rapidez y adecentan el palmo de mostrador que queda libre de platos y vasos sucios para que el joven camarero pueda finalizar el aterrizaje forzoso sobre la pista improvisada.

El bullicio es constante sin ser molesto. Las charlas entre la clientela son murmullos independientes que conviven en armonía como batería, contrabajo y piano en un trío de jazz. El sonido metálico y sincopado de los cubiertos peleando contra la cerámica de los platos junto con el del impacto vibrante y ruidoso del mango de la cafetera son los arreglos definitivos para poner banda sonora a cómo transcurre la vida en Can Porró.

En uno de los extremos de la barra reposa un teléfono a monedas al que ya nadie sabe desde cuándo no se le da uso. A Miquel y a Flora les gusta mantenerlo como objeto decorativo. Un recuerdo de cuando la clientela se limitaba a comer y parlotear con desconocidos cercanos, en lugar de fotografiar guisos del pasado con sus móviles de última generación.

Las mesas están vestidas con manteles largos de papel blanco que cubren las vergüenzas de tantos años vividos entre las paredes de esa taberna. Sobre ellas, las aceiteras reutilizables presumen de pasarse la ley por el forro, aun sabiendo que hace más de una década que deberían estar jubiladas. Miquel no se corta en hacer público su posicionamiento. «Los sobres individuales son una marranada de plástico y más plástico. A mí que venga alguien a decirme algo, que lo lleva clarinete». Flora hace como que no escucha y centra su atención en los clientes que están en la barra mientras enjuaga las tazas sucias de café antes de meterlas en el lavavajillas. «¿Falta alguna cosita por aquí?».

Noe y Silvia se acaban de comer las albóndigas con sepia y están esperando a que el camarero habilidoso les traiga un cortado con leche de avena y un flan de mató casero adornado con nata industrial. Juntas revisan en su tableta electrónica un proyecto en 3D que han realizado desde su pequeño estudio del Poblenou para una importante productora de Los Ángeles. A escasos cincuenta centímetros de su mesa, Ricardo y Pablo se acaban de pimplar seis quintos y cuatro gildas de anchoa, piparra y oliva para abrir boca antes del fricandó con setas. Los dos repiten las conversaciones de siempre con la misma indignación que la primera vez; lo mucho que ha cambiado el barrio en los últimos años, las deudas que acumulan, la desaparición de las imprentas y los negocios de toda la vida.

—Nene, que estamos secos. —Ricardo mira con ojos de sorpresa el culo vacío de su cerveza.

—Poneos unas olivas o algo, que os estiráis menos que el portero de un futbolín —reclama Pablo con su clásico lloriqueo vacilón. Tras la súplica de mendicidad, que recuerda a ese chasquido de dedos que tanto gusta a los magos, pero qué poco a los camareros, aparece de la nada una niña con un chándal escolar de color verde con tres rayas amarillas a lo Adidas. La pitusa, con sus ojos verdes y redondos que parecen dos pelotas de pimpón a punto de salir proyectadas de las cuencas, deja su ejemplar de *Las Brujas* de Roald Dahl en el taburete y se dispone a llenar un platillo con olivas gazpachas.

—Tú sí que te enrollas, no como tus padres. Los cafés de las modernas me los cobras a mí —anuncia Ricardo con solemnidad y lo suficientemente alto para que Flora asienta con un guiño.

—*Moltes gràcies!* —exclama Noe con alegría ante la fruslería inesperada.

—Ya sabéis, si os hacen falta calendarios o tarjetas de empresa, aquí estamos. —Pablo finiquita la breve charla pimplándose el cuarto botellín de un tirón.

Las chicas se despiden y aceptan un par de calendarios del 2026 que parece que fueron diseñados el año del Cobi. Se marchan contentas como dos niñas chicas con su recuerdo retrofuturista y cargando con el MacBook dentro de sus mochilas.

CÓMO PASAR DEL ODIO AL AMOR EN DOCE AÑOS

Dicen que todos los niños nacen con un pan bajo el brazo. Yo aparecí en este mundo recostado sobre una caja de botellines de Estrella Damm un año después de que se acabara de estrenar la década de los ochenta. Me crié rodeado de cocineros pedófilos, camareros ludópatas y clientes politoxicómanos.

Fui un adolescente que odió con todas sus fuerzas a sus padres. Uno más. Todo púber debe haber pasado por una fase de aversión extrema hacia sus progenitores. Ellos representan la personalización de las fuerzas opresoras de la autoridad. Se alzan como una atalaya desde la que su prole, por muy alto que brinque, será incapaz de avistar el mar. En la pubescencia, lo único que deseas es desprenderte del abrazo protector de tu madre. Experimentar. Morrear. Explorar el mundo misterioso que hay más allá de las fronteras de tu hogar.

En mi caso, el rencor hacia mis padres no se acumulaba únicamente por haberme arrojado al inframundo más oscuro y pestilente: el bar; sino también por obligarme a realizar trabajos forzados allí.

Mis padres pasaron más de media vida en el bar. A mi madre no le quedaba otra opción que desempeñar su rol materno desde la barra mientras servía cañas y carajillos, y mi padre regalaba gritos a diestro y siniestro desde la cocina. Al salir del colegio, hacía las tareas escolares sentado en alguna mesa con el ruido del televisor ocupando el espacio vacío de las horas más flojas del día. Las clases de refuerzo las realizaba con la ayuda de un hombre sin hogar que venía por las tardes a beberse unos vasos de vino costeados con las monedas que los vecinos le daban en la puerta de la iglesia. Jamás tuvimos un fin de semana en familia, ni escapadas vacacionales a alguna ciudad remota. Siempre tocaba currar cuando los demás disfrutaban de su bien merecido tiempo de ocio. Los lunes y martes eran los únicos días que cenábamos todos juntos, aunque no mantengo ni un mínimo recuerdo de aquellos momentos.

Crecí pensando que no nos merecíamos vivir como el resto de los mortales. Nuestro cometido en este mundo era servir, atender a los otros; atiborrar de comida y bebida al vecindario; ser los criados de confianza de aquellos que vivían en los márgenes, de los olvidados por la sociedad.

*

Cuando pude romper las cadenas que me mantuvieron encarcelado en el bar, corrí con todas mis fuerzas sin mirar atrás. Allí, desde la distancia, el día que mis padres se jubilaron y dieron por finalizadas tres generaciones y ochenta y cuatro años al timón de nuestra casa de comidas, me di cuenta de que la ira que sentí durante tantos años estaba mal dirigida. Realmente no odiaba a mis padres. Lo que maldecía era no tenerlos. Ansiaba poder pasar más tiempo con ellos y con mis hermanos fuera del bar. Quería que hubiera normas estrictas y límites infranqueables, como cenar siempre todos juntos a la misma hora, que fuéramos a la playa en agosto y que el arroz con pollo y conejo fuese un manjar sagrado cada domingo.

Anhelaba la vida que tenían todos los niños que conocía.

UN OFICIO ENTREGADO A LA ESCLAVITUD

Las tabernas han sido, a lo largo de la historia, pequeños templos de culto al hedonismo gastronómico. Santuarios donde los parroquianos acuden a cualquier hora para ahogar sus culpas en alcohol, saciar su vacío existencial con buenos alimentos o simplemente para socializar y pasar un rato afable en buena compañía. Espacios públicos en los que siempre ha habido una persona detrás de la barra trabajando de sol a sol. Los taberneros se deben al pueblo y su labranza se ciñe a servir comida y bebida a sus habitantes cuando a estos les plazca.

La ciencia determina que los bares existen desde hace unos 5000 años. En 2023, un equipo de arqueólogos de las universidades de Pensilvania y de Pisa descubrieron en Lagash, una antigua ciudad de Irak, el bar más añejo del mundo. El hallazgo encontrado contaba con una barra en la que se servía comida ya preparada, una nevera rudimentaria y bancos para que los clientes pudieran sentarse.

En el antiguo Egipto (alrededor del 3000 a. C.) existían las llamadas *casas de cerveza y vino* donde se servían estas bebidas y se vendían alimentos básicos como el pan. En la antigua Grecia (siglo VIII a. C. en adelante) sus habitantes podían refrescarse el gaznate a base de vino diluido con agua en unos establecimientos conocidos como *kapeleia*. Con la llegada del Imperio romano (753 a. C. - 476 d. C.) surgieron las *termopolias* y las *cauponae*, precursoras directas de los bares y tabernas modernas, ya que cumplían funciones sociales y comerciales similares. Las primeras eran pequeños establecimientos donde se vendía bebida y comida caliente recién hecha. Estos espacios se encontraban en las urbes con mayor densidad de población. Solían tener un mostrador de mármol con grandes ánforas o *dolia* incrustadas, donde se conservaba la bebida y los alimentos. Las *cauponae*, a diferencia de las *termopolias*, disponían de mayores dimensiones para ofrecer alojamiento, además de comida y bebida. Se ubicaban en las principales vías romanas para servir a viajeros, soldados y comerciantes.

*

¿Os imagináis a un restaurador de la antigua Roma cerrando por vacaciones en Semana Santa? Yo tampoco. Las cosas no han cambiado tanto en estos últimos 5000 años. Cuántas veces habremos oído a algún cliente decirle a un tabernero aquello de «qué bien vives, Mariano» por haber decidido tomarse un fin de semana libre o por cerrar algún día de más aprovechando que la semana tenía un festivo de por medio. Venimos de una tradición en la que los bares están obligados a permanecer abiertos el máximo de horas posible. La sociedad siempre ha visto con recelo que un restaurador decida bajar la persiana por descanso más allá del lunes o el martes. Si un domingo llegamos a nuestra tasca de confianza y nos encontramos con la persiana bajada, nos transmite cierta sensación de dejadez, poca profesionalidad e incluso de vaguería por parte de sus dueños. ¿Cómo se le ocurre no abrir cuando yo tengo fiesta y puedo ir a disfrutar de un vermut, una tapa de ensaladilla y un pincho de tortilla? Preferimos pasar por delante de un bar desértico, con los camareros sentados leyendo el periódico, antes que cerrado.

EL BAR COMO CENTRO DE DÍA: HOSPITALIDAD Y ACOGIDA

Durante cuatro años estuve dirigiendo un pequeño bar en el gentrificado barrio de Poblenou, en Barcelona. Fue un garito muy frecuentado por extranjeros residentes en la ciudad incapaces de articular ni una palabra en catalán o castellano. Pintores enfundados en monos Carhartt acribillados de lamparones a todo color, diseñadores gráficos, artistas, publicistas y todo tipo de autónomos dedicados a la creatividad. También venían algunos clientes que trabajaban en las pocas imprentas que quedaban en el barrio para recordarnos cómo era esa zona antes de la llegada de las grúas y los hoteles majestuosos. El local se encontraba en los bajos de una finca situada en una plaza poco iluminada que generaba cierta inseguridad en los vecinos. Eran muchas las señoras mayores que se sentían agradecidas por la luz cálida de las bombillas que adornaban los parasoles y el ambiente acogedor y desenfadado que se acumulaba en nuestra terraza. Se sentían protegidas al llegar a casa. En especial, las noches de invierno. Ese pequeño bar llenaba de vida aquella esquina y la mantenía limpia. Durante los meses que vivimos confinados y sin poder abrir debido a la crisis del coronavirus, la plazoleta se convirtió en un lugar abandonado y sucio. Personas que vivían de la venta de chatarra la usaban de garaje para desguazar lavadoras y otros electrodomésticos; gente sin hogar usaba los arbustos como vivienda en la que dormían y hacían sus necesidades; ratas tan grandes como conejos campaban a sus anchas.

A lo largo de la historia, los bares han desempeñado un rol socializador incuestionable al ofrecer un espacio donde fortalecer el tejido vecinal y las relaciones humanas. En el bar no se dispensa únicamente bebida y comida. Es el lugar donde los clientes habituales pueden dejar las llaves de su casa para que un familiar las recoja más tarde. Es donde el repartidor de Amazon entrega tus paquetes cuando no estás. Es un terreno seguro para romper con relaciones o para iniciarlas, el teatro donde cada día se representan decenas de obras en simultáneo. Los bares te permiten socializar sin necesidad de tener que hablar con nadie, pero, al mismo tiempo, es donde está aceptado que alguien se meta en conversaciones ajenas sin pedir permiso.

La hospitalidad es un atributo inherente a los bares que, si echamos la vista atrás, han sido negocios regentados por familias. Los hombres, como motores de la economía del país, eran quienes lideraban el negocio. Las mujeres y los hijos trabajaban desde la sombra; sin sueldo y sin cotizar. En un marco laboral en el que el bar es percibido como un hogar tanto por los miembros de la familia como por los parroquianos, la hospitalidad pasa a ser una virtud tan intrínseca como comprometida a este tipo de establecimientos. Los límites entre casa y trabajo se diluyen de tal manera que se plantean como un reto para todos los agentes implicados. ¿En qué momento uno deja de ser padre o madre para convertirse en jefe? ¿Cuántas horas del día los hijos obedecen como trabajadores? Cuando frecuentamos de forma regular un bar y los dueños se comportan como anfitriones, ¿somos clientes o invitados que esperan ser recibidos con agasajos?

AGUSTÍN Y MARIBEL

En una de las mesas situadas frente al televisor, la que permite escuchar —a pesar del alboroto— y ver lo que sucede por la pantalla sin que uno se parta el cuello, se encuentra Agustín. Esa es su mesa desde años inmemoriales. Ya lo era cuando venía los sábados a comer con Maribel después de trabajar en la tienda de juguetes y siguió siéndolo cuando ella murió. Desde el trágico suceso, Agustín come y cena todos los días de la semana en Can Porró. El domingo, Flora le prepara un par de fiambreras para que el lunes, que es su único día festivo, Agustín pueda calentar el bacalao con samfaina y las habas a la catalana en el microondas. Cuando se siente resfriado o desmadejado, llama por teléfono a Can Porró, y la niña con chándal escolar de color verde con rayas amarillas a lo Adidas se encarga de subirle la comida al tercer piso sin ascensor del edificio de enfrente.

A Agustín no le sobra el dinero, pero se siente rico al poder externalizar las tareas de llenar la nevera, cocinar y lavar los platos. En Can Porró se alimenta como lo haría un señor de ochenta y cinco años en su propia casa. Al mediodía siempre elige sopa o crema de lo que haya y una rodaja de merluza a la plancha con tres hojas de lechuga, medio tomate y un poco de cebolla dulce cortada en juliana. Como presume de buena dentadura, los miércoles se decanta por un bistec acompañado de unas tiras de pimiento asado. Los jueves, arroz. De beber solo toma un vaso con dos dedos de vino tinto y un buen chorro de gaseosa. De postre una pieza de fruta, y no toma café; excepto el sábado, que pide tarta al whisky bautizada con Cutty Sark y un cortado descafeinado: como cuando iba con su mujer.

Durante los más de cincuenta años que Agustín y Maribel estuvieron compartiendo sus vidas, cenaron fruta en el sofá de casa. Él pelaba las piezas y las dividía de forma democrática con ella mientras comentaban lo que veían en el televisor. A Agustín no le apasionaba la fruta, lo hacía como acto de amor incondicional. Maribel estaba aferrada a la teoría de un supuesto médico que le aseguró que darse un homenaje de fructosa durante la cena era una solución ideal para mantener la línea.

Desde que falleció, cada tarde, a eso de las siete y media, Agustín cruza la calle y se sienta en su mesa para comerse una tortilla y un yogur natural azucarado. Le encantan las tortillas a la francesa que preparan en Can Porró. Un plato de apariencia sencilla, pero de difícil ejecución. Miquel, que tiene la mano rota de batir huevos, las moldea como si fuesen pequeños cojines rellenos de nubes cremosas que un día saben a atún, al siguiente, a jamón dulce, y al otro, simplemente a gloria. Cuando Agustín aparece por la puerta, la niña con chándal escolar de color verde con rayas amarillas a lo Adidas corretea entre las mesas para sentarse frente a él. Agustín mantiene la mirada anclada al concurso de la tele mientras su mente está en otro lado. Ella aprende algunas cosas del mundo que acecha allí afuera disparando al aire palabras del *Diccionario Estrafalario* de Gloria Fuertes.

Amor:

Querer a alguien que no es de tu familia.

Querer a tu familia,

querer a quien más quieres,

querer a todo el mundo,

eso es amor

y lo demás cucarachas.

*

Es un martes de otoño al mediodía y el sol calienta con ternura como unas sábanas recién salidas de la secadora. Agustín mastica el último gajo de su manzana a la velocidad de quien le ha ganado la carrera al tiempo. Mientras tanto, a su alrededor, camareros y clientes se mueven a ritmo laboral como si danzaran un baile popular que llevan realizando desde hace más de cuatro décadas.

Agustín se levanta y no busca a nadie con la mirada para despedirse. Flora se anticipa antes de verlo desaparecer y le desea una feliz siesta con un «descansa, nos vemos en un rato». A continuación, deja de lustrar las copas de cerveza con el trapo que aún está caliente de reposar sobre la cafetera y anota en un papel: «10,50». Vuelve a colocar la lista dentro de la caja registradora, justo debajo de los billetes de cincuenta euros. *Mañana es fin de mes. Toca liquidar cuenta.*

LA ACTITUD DADIVOSA DE LOS BARES

El mercadeo en torno al pequeño comercio ha estado asociado al trueque y a la picaresca del regateo desde tiempos inmemoriales. Todavía se mantiene viva la tradición de que el *pescatero* te regale perejil o un poco de morralla para hacer fumet, y se agradece que la frutera te obsequie con una mandarina para que compruebes lo dulces y sabrosas que están. La diferencia con el sector de la restauración es que, a las tascas, el cliente les exige un comportamiento dadivoso, mientras que al resto de comercios no. Los bares, además de vivir por y para el pueblo adaptando sus horarios al ritmo de la sociedad, están obligados a mostrar una generosidad esplendorosa. Cuando nos encontramos comiendo o cenando en un restaurante con un grupo de amigos, exigimos que los que están detrás de la barra se comporten de manera rumbosa con nosotros. Les recitamos clásicos como el «lléname un poquito más la copa», pasando por el «no seas tacaño, invítanos a unos chupitos que te hemos hecho mucho gasto». Esperamos que, de forma altruista, nos reciban con ofrendas. Un puñado de frutos tan secos y salados que al masticarlos parecen piedras marinas, una rebanada de pan chicloso coronada con una loncha de longaniza, un vasito de agua o una tapa de migas con chorizo. Cuando el camarero no nos ha invitado nunca ni a un café, se convierte en un rancio y un pesetero. Por el contrario, nadie piensa que la persona que atiende en nuestra charcutería de confianza es una tacaña al no regalarnos unos gramos extra de jamón cocido. Si tiene el detalle, se lo agradecemos, pero es un acto desinteresado que no esperamos.

Quizás, esta hospitalidad que se atribuye de manera tan inherente a las casas de comidas ha sido la variable determinante que ha alimentado la creencia de que los bares y restaurantes tengan que recibir a sus clientes como si fuesen invitados a sus hogares. En la memoria colectiva de la sociedad perdura la esencia de cómo empezó todo esto. El origen se mantiene en el recuerdo y se sigue heredando de generación en generación; y esperamos que los restauradores nos obsequien con detalles altruistas.

SABOTAJE, REBELIÓN, DESOBEDIENCIA, AGITACIÓN

Las declaraciones que hizo José Luis Yzuel (presidente de la Confederación Empresarial de Hostelería de España) en septiembre del 2023 todavía resuenan en el hipotálamo de los camareros de toda España. Durante una jornada organizada por la Confederación Española de la Pequeña y Mediana Empresa, en la que el tema central era «El reto de las vacantes en España», soltó algunas perlas que generaron bastante polémica: «En el sector de la hostelería toda la vida se ha trabajado media jornada, de doce a doce». «Trabajar diez horas al día no es malo, ya que en temporalidad alta hay que aprovechar».

Estas afirmaciones son propias del clásico cliente cirrótico que pasa más horas en el bar que los propios dueños. Me imagino a José Luis Yzuel sentado en la esquina de una tasca, metiéndose en conversaciones ajenas sin ningún tipo de habilidad social. Solamente se levanta del taburete para adecentar las mesas sucias sin que nadie se lo pida, con el fin de ganarse unas cervecillas o, en el mejor de los casos, unos chupitos de JB. Él dice que trabaja ahí, el resto del mundo sabe que no, pero le tratan como a un camarero más.

José Luis, se agradece que nos quieras pagar las horas de más con días de vacaciones, pero las cosas han cambiado un poco en estos últimos años.

Los valores que imperaban en décadas pasadas se han desvanecido. Estudiar con esfuerzo e ir a la universidad ya no son la lanzadera hacía un trabajo estable con un sueldo digno que te permita pagar una vivienda en condiciones. La crisis climática, el genocidio al pueblo palestino por parte del ejército israelí, la guerra entre Rusia y Ucrania, el auge de pensamientos reaccionarios que limitan los derechos sociales de colectivos oprimidos. Se está quedando un mundo liderado por una panda de supervillanos torpes y estúpidos que bien podrían estar protagonizando una comedia de producción millonaria.

El aquí y ahora es lo único que importa. Meditamos porque no nos queda otra que centrarnos en el presente. Pensar en el pasado nos deprime y posicionarnos en posibles futuros inciertos acelera nuestro ritmo cardíaco hasta lograr disparar los niveles de ansiedad como si fuese confeti de color miedo saliéndonos por las orejas. Estamos obsesionados con encontrar nuestra verdadera pasión para desarrollarla antes de que lleguen los alienígenas, de que un virus convierta a los seres humanos en zombis comedores de cerebros o de que se extinga la producción de cacao en el mundo. Ya que todo se va a la mierda, hagamos lo que verdaderamente nos ilumine el alma.

Durante décadas, los padres fueron entes ausentes que se dedicaron a trabajar como mulas para mantener un ritmo de vida por encima de sus posibilidades y, con mucho esfuerzo y algo de suerte, subir algún peldaño hacia el estatus social fantaseado. La carencia afectiva quedaba justificada a cambio de un futuro prometedor. Aquella idea de prosperidad, de autopista infinita con un cielo tan transparente que se podía divisar el mañana sin que la mirada temblase al enfocar la vista en el horizonte forma parte del pasado.

¿Quién va a querer hacer jornadas de catorce horas en un restaurante si sabe que, por mucho dinero no declarado que le paguen, jamás podrá comprar una vivienda?

Algunos grandes chefs acumuladores de estrellas llevan varios años enarbolando la bandera que aboga por la «humanización de la hostelería», una tendencia que pretende romper con ese estigma del medievo tan arraigado a nuestra cultura, que obliga a los bares y restaurantes a estar abiertos de sol a sol. Aunque a los ciudadanos de a pie nos despierte más interés la opinión de los bares y restaurantes que frecuentamos con regularidad, no deja de sorprender que sea la élite culinaria, la misma que tiene a más de media plantilla con contratos de prácticas trabajando de doce a doce, como diría José Luis Yzuel, la que quiera liderar esta tendencia.

La «humanización» de la que se habla entre bambalinas desde hace más de veinte años nunca acaba de llegar porque se han normalizado de forma terrorífica ciertas prácticas que son, cuanto menos, inhumanas, como cerrar contratos por menos horas de las trabajadas y en la categoría de ayudante de camarero, aunque el trabajador lleve media vida sujetando bandejas repletas de copas; liquidar horas fuera de contrato en efectivo no declarado; no pagar horas extras; no conceder dos días libres seguidos; realizar turnos partidos, o trabajar jornadas de más de doce horas.

El manotazo que la pandemia del coronavirus lanzó con toda su furia al sector de la restauración, con el parón de su actividad durante meses, junto con las condiciones precarias de un colectivo profesional tan importante para este país han hecho que las reglas del juego hayan cambiado. Ante un futuro inestable e impredecible, una sociedad aferrada al presente y un sector que exige dignidad, están surgiendo negocios que proclaman el valor del tiempo como la moneda más preciada. Los bares y restaurantes están dejando de ser estaciones de servicio que permanecen abiertos incluso cuando no les es rentable para que los ciudadanos puedan acudir a repostar cuando les plazca.

Los nuevos locales que aparecen se están revelando ante esa ley milenaria no escrita que dice que las tabernas son templos de culto al placer inmediato que deben estar disponibles a la merced del cliente, quien, hasta ahora, siempre ha tenido la razón. Sus objetivos están muy claros: mejorar las condiciones laborales para crear un equipo humano estable y consolidado; huir de la precariedad para dignificar el oficio; potenciar la conciliación, y evitar rotaciones de personal que desestabilicen de forma constante la armonía en el trabajo.

Ellos, como acto de desobediencia social, han decidido cuándo y cómo desempeñar su trabajo. Algunos, como el Suru, La Gormanda o el Coure en Barcelona, o Lakasa y Tres Por Cuatro en Madrid, abren de lunes a viernes y descansan sábados y domingos. Otros clásicos, como la Granja Elena, también de Barcelona, son especialistas en desayunos y almuerzos. También hay quienes deciden abrir únicamente los días y horas con mayor facturación, como el Splendini Bar i Discos en Valencia, que trabaja de miércoles a sábado a partir de las siete de la tarde para focalizarse en los días de mayor facturación.

Esta nueva forma de ver la restauración desde la optimización y la rentabilidad, además de reducir costes de producto y personal, también favorece la eliminación de esas prácticas tan tiranas y consolidadas, como la de realizar turnos partidos para trabajar en el servicio de comidas y de cenas. Una praxis que solamente permite hacer una parada técnica de descanso y en la que es imposible desconectar o disfrutar de tiempo de calidad para la conciliación familiar o, simplemente, para hacer lo que te dé la gana.

No es que los restauradores que están liderando este cambio sean unos holgazanes o que desconozcan el sector, como arguyen algunos señoros reticentes a esta tendencia. Todo lo contrario. Hasta el momento, los bares se adaptaban al ritmo de la sociedad. Cuantas más horas estuviesen abiertos, mayor sería la heterogeneidad de clientes a los que podrían satisfacer. Ahora son los clientes los que se deben adaptar a la idiosincrasia de cada establecimiento. Los nuevos restaurantes que abren empiezan a tener un equipo humano feliz gracias a que desempeñan su trabajo con unas condiciones dignas que priorizan el descanso y la conciliación.

Es aquí donde se nos presenta un reto. Si la restauración ha sido, por tradición, un sector que ha ido a contracorriente para complacer a los ciudadanos en sus momentos de ocio y días festivos, ¿quién nos servirá cervezas y calamares a la andaluza si los bares deciden seguir el mismo curso que el resto de la sociedad?

MILAGROS Y ANTONIO

Se conocieron un miércoles gris que auguraba chubascos en todo el litoral. A las ocho y cuarto de la mañana el ambulatorio marchaba como una locomotora del siglo XIX. Los zuecos calzados por doctoras y enfermeros trotaban a todo vapor sobre el suelo impoluto.

El bramido del estómago vacío de Milagros llamó la atención de Antonio mientras esperaban su turno para que alguien les extrajera sangre. Los dos se miraron y sonrieron.

Al salir, se encontraron en la puerta. Aún iban con la manga subida y, con la mano contraria, hacían presión en la gasa para evitar la aparición de un hematoma. Antonio le propuso ir a desayunar. «Parece que empieza a chispear. Venga, te invito a un bocadillo de jamón del bueno, un zumo de naranja y un café con leche». Milagros no pudo negarse.

Desde entonces, quedan cada tarde en Can Porró para compartir una cerveza sin alcohol y morrearse como quinceañeros.

CAPITANES SIN CARNÉ PARA NAVEGAR

Cuando trabajas detrás de una barra sabes que, en cualquier momento, aparecerá un cliente que, sin malas intenciones, te soltará alguna joya del estilo: «Te juro que estoy por dejar el trabajo y ponerme a currar de camarero. Servir cafelitos, charlar con la gente…». Cada vez que me encuentro ante esta situación, más allá de darme ganas de lanzarle a la cara su Golden Latte —porque la gente que dice estas gilipolleces solo consume bazofia gentrificadora—, me vienen a la mente muchas preguntas. ¿Qué imagen de los bares tenemos como sociedad? ¿Es un trabajo para el que cualquiera está capacitado? ¿No requiere de ciertas habilidades, tanto técnicas como sociales y emocionales?

En el imaginario popular, existe una deducción aplastante: como soy una persona que frecuenta de forma regular todo tipo de bares y restaurantes, soy capaz de dirigir uno. Error. De hecho, diría que es la profesión en la que los trabajadores se ven expuestos con mayor frecuencia a recibir consejos —no demandados— por parte de sus clientes. «Tú aquí lo que tendrías que hacer es…»; «el otro día vi en un sitio esto que te voy a contar, tienes que hacerlo. Lo petas».

En el oficio de dar de comer y beber en bares y restaurantes, todo el mundo opina con una seguridad arrolladora. En ocasiones, la soberbia del comentario es tan elevada que insulta. Como si la persona que hay detrás de la barra no hubiese dedicado tiempo a analizar su competencia o a detectar sus fortalezas y debilidades para localizar sus amenazas y oportunidades.

Solo a un insensato se le ocurriría ponerse a perfilar barbas y a degradar cogotes en una barbería si las únicas tijeras que ha visto en su vida son las que usa para cortar porciones de pizza los domingos de resaca. ¿Quién en su sano juicio se iba a dedicar al diseño gráfico sin saber trazar un retrato con un seis y un cuatro?

Según datos del INE en España hay alrededor de 184 430 bares. Vamos, uno para cada 175 habitantes. Muchos de estos establecimientos están regentados por personas anónimas que decidieron invertir los cuatro ahorros que tenían en emprender en el sector de la hostelería sin adquirir ninguna formación especializada y sin haber trabajado antes de camarero. Durante las semanas que estuvieron adecentando el local con la persiana medio bajada, fueron recibiendo visitas de diferentes comerciales. Con la premisa de «el que me dé más y al mejor precio», abrieron la puerta y comenzaron a recibir a los primeros clientes sin haber cambiado un barril de cerveza en su vida; sin saber que al descalcificador del lavavajillas hay que echarle sal todas las semanas para que los vasos salgan relucientes. Aspectos técnicos que fueron aprendiendo con el paso de los días, semana a semana, debido a la necesidad y a posibles averías.

Lo que no se aprende con la ayuda de un manual de instrucciones es a rentabilizar los movimientos. Cuantos menos viajes hagas del punto A al punto B, mejor. Aprovechar los trayectos y no volver nunca con las manos vacías son dos sentencias que deberían resonar en la corteza prefrontal de cualquier camarero como si fuesen sonidos proyectados por un cuenco tibetano.

La formación y la práctica son dos aspectos indispensables para saber gobernar una sala repleta de clientes hambrientos y sedientos. Hay ciertas aptitudes que deben ejercitarse sobre el terreno. Como, por ejemplo, la gestión de prioridades. Manejar varias mesas que han llegado a la vez u organizar los tiempos de cada pedido, manteniendo el contacto visual, sin que nadie se sienta desatendido y sin perder la sonrisa. Todo ello es una maestría que no se aprende sentado sobre un taburete al otro lado de la barra mientras te tomas unas cañas.

Muchos de estos atrevidos aventureros que se lanzan a la restauración sin experiencia ni formación han tenido la suerte de nacer con unas habilidades sociales bien desarrolladas que les han convertido en unos anfitriones excelentes. Su carisma los mantiene a flote, a pesar de ser unos auténticos desastres tanto en el desarrollo del servicio como en la gestión del negocio.

La persona que agarra el timón de un bar o restaurante debe conocer los entresijos del oficio y, por encima de todo, ha de tratar su profesión con amor y respeto. Si este individuo no aprecia la materia prima ni el cuidado del producto a la hora de trabajarlo, si prioriza el precio y la ley del mínimo esfuerzo por encima de cualquier otra variable, si regresa a la barra con las manos vacías, si no se comporta como un buen anfitrión, si carece de dotes comerciales para conseguir que sus clientes sigan bebiendo y comiendo, aunque no tengan sed ni hambre, este individuo ofrecerá un servicio mediocre. Si, además, añadimos que las condiciones laborales de sus empleados son precarias y abusivas, rozando en algunos casos la esclavitud, nos encontramos ante la tiranía de un capitán inepto y sin carné para navegar a punto de estampar su velero contra las rocas.

*

En estos últimos años, a raíz de aquellos titulares pospandémicos que anunciaban de forma alarmante la falta de camareros para cubrir los meses de temporada alta, se ha hablado mucho de la necesidad de dignificar la profesión. Al ver las diferentes noticias que salieron tanto en prensa como en televisión, me llamó la atención que la mayoría usasen el mismo término: *dignificar*. El sector, que reclamaba a jóvenes y no tan jóvenes para trabajar jornadas de doce horas con un día de fiesta —con suerte— de mayo a octubre, al mismo tiempo exigía un ennoblecimiento del oficio. Como si la dignidad fuese un atributo concedido a una institución o comunidad por la gracia divina de un creador cósmico y todopoderoso.

Un sector por sí solo no es nada. Los organismos oficiales han de velar por los individuos que forman parte de la restauración o de cualquier otra profesión. Son las personas que forman parte de un colectivo a las que se debe honrar y engrandecer. La dignidad no es algo que vaya de fuera hacia dentro, sino al revés: de dentro hacia fuera. Es *el sector*, el que debe proteger a sus camareros, cocineros y restauradores para que estos estén orgullosos de su oficio y así lo transmitan de puertas hacia fuera.

Si tienes la oportunidad de trabajar en un espacio que te haga sentir como un anfitrión, tus clientes te verán como tal y pasarán a ser tus invitados. Por el contrario, si tus condiciones laborales son tan precarias que rozan la esclavitud, sentirás vergüenza de ponerte el delantal y los comensales se convertirán en una molestia.

LA DANZA ASTURIANA

Dicen que nos enamoramos de los territorios del mismo modo que de las personas. «Es cuestión de química», comentan algunos. Del mismo modo que alguien desconocido puede emanar un olor determinado que genere una reacción concreta en nuestro cerebro, ya sea de placer o de rechazo absoluto, lo mismo nos puede ocurrir con una gran ciudad o una pequeña localidad. Su geografía, el clima, el aroma que se escapa de los hogares y fluye desorientado por las calles, la gastronomía o los rasgos sutiles de personalidad comunes en sus habitantes son elementos capaces de cautivarnos.

Gijón, y en general todo el territorio asturiano, es una ciudad por la que siento un vínculo muy especial. Mi relación con esta población se remonta a hace más de veinte años. Desde el primer momento que llegué a Cimadevilla, el olor a sidra y serrín penetró en mi cerebro como una raya de *speed* segundos antes de que comience a sonar el trote de los acordes de *Pushin' Too Hard* de The Seeds. El caos y el desorden que veía en las terrazas de los bares, donde jóvenes, adultos y viejos bebían y comían sin límite en una especie de bacanal hedonista, me seducían hasta electrocutarme. Durante más de una década, he tenido una cita anual con Gijón para retarme con ella y entregar mi cuerpo al límite de los excesos. La ciudad siempre vence, pero nunca defrauda. Con los años he ganado algo de sensatez. Gozo de mi estancia en *Xixón* de una manera más saludable sin renunciar al elevado nivel de intensidad que el terreno exige. Digamos que, en la actualidad, frecuento con menor medida los antros subterráneos que solamente aceptan efectivo y que acogen a cualquiera tanto en la oscuridad de la noche como en la del día. Como el Tizón, que antes de convertirse en una sala de conciertos era el hogar que cobijaba a todos aquellos que habían sido olvidados por la sociedad.

Me he convertido en un señor al que le hace más ilusión ponerse hasta arriba de *llámpares* y cebollas rellenas en Casa Tino, y beberse unas cervezas en el Toma 3 rodeado de libros.

Lo que más me gusta de los bares asturianos no se encuentra sobre la mesa, sino que sucede alrededor de los comensales. Los camareros son quienes marcan el ritmo de consumo de sidra. Ellos controlan el cuándo y dirigen su rango como si se tratase de una filarmónica. Este aspecto me llamó mucho la atención la primera vez que acudí a un chigre asturiano. En Barcelona o en cualquier otra ciudad de España, el cliente es quien decide cuánto bebe y en qué momento. En Asturias, no. Allí se le comunica al camarero que se va a beber sidra y, a partir de ese momento, el mesero controla los tiempos para que, cuando se plante frente a ti y alce el brazo para llenarte el vaso, pienses que te acaba de leer el pensamiento. Ningún cliente se atreve a pedir que le carguen el cáliz. Ese acto insensato rompería la melodía frenética de la orquesta. Es un diálogo entre camarero y cliente que en Asturias está muy integrado. Como foráneo que ama esa tierra, me parece una visión revolucionaria entender lo que pasa en la sala de un restaurante.

Siempre que me dejo caer por Gijón, me quedo embobado viendo cómo los camareros danzan entre las mesas. Analizan con meticulosidad los puntos donde tienen congregados a sus parroquianos y toman la decisión precisa sobre a quién le toca beber. Se acercan y, sin pedir permiso, pillan el vaso y lo acarician con sidra desde las alturas antes de entregárselo al cliente, quien asume sin rechistar que le toca beber por decisión ajena.

Dirigir un rango de doce mesas y marcar el ritmo de cuándo le toca beber a cada una, con la capacidad de anticiparse diez segundos antes de que el cliente se diga a sí mismo «me apetece otro culín», es mágico. Y un trabajo muy serio en peligro de extinción.

CLAVES PARA DETECTAR UN BAR DE MIERDA[1]

Camareros enfundados en delantales de tela vaquera que te miran sonriéndole a la muerte. Viajes organolépticos mientras saboreas unas carrilleras tuneadas con cilantro y lima. Empresarios con delirios narcisistas abren a diestro y siniestro bares y restaurantes. Se les llena la boca cuando hablan de producto local y de proximidad, pero en sus cartas le dan una vuelta a lo de aquí con lo de allá en búsqueda de lograr forjar una personalidad propia. No se han dado cuenta —o sí— de que están haciendo lo mismo que el de al lado y del que está a ocho mil kilómetros de distancia de ellos.

A continuación te voy a dar las claves para detectar esos bares que se comportan como si fuesen hijos únicos al creerse especiales y diferentes.

Elementos relacionados con el establecimiento y su propuesta:

- Iluminación: este tipo de bares suelen pecar de contaminar lumínicamente. La abundancia de puntos de luz hace que te sientas como si estuvieras comiendo en la consulta de un dentista, cuando lo único que quieres es que nadie contemple lo torpe que eres comiendo.
- Utilización de códigos de taberna: a los bares mediocres les gusta combinar elementos clásicos, como azulejos que exhiben mensajes del tipo «si bebes para

olvidar, paga antes de empezar» y sifones de cristal vacíos colocados sobre estanterías de madera o mármol. También utilizan manteles de papel de los que te desean buen provecho en todos los idiomas oficiales del Estado y se autodenominan *casa de comidas* por el simple hecho de que ofrecen comida —que visto así tiene todo el sentido—. No te dejes engañar por los fuets y los *tomàquets de penjar* que hay colgados frente a un mosaico de baldosas impecables con cenefas del pasado. Todos los elementos están colocados de forma estratégica para que tu cerebro conecte con la nostalgia de unos tiempos que no has vivido, pero que, sin saber por qué, te transmiten que lo de antes es auténtico, verdadero. ¿Será el pan de masa madre presentado en una cesta de mimbre?, ¿la crema de una caña bien ejecutada en un vaso que todavía no ha sido castigado por la cal?, ¿la madera?, ¿las gildas expuestas en recipientes de cristal?, ¿el mármol?, ¿los platos de Duralex? Sí, eso es.

- Glocalismo: reivindican el producto local desde la máxima expresión de lo global. Un fricandó es un fricandó, aunque esté metido dentro de un bao y te lo cobren a precio de huevo de unicornio. Cuando viajes a Taiwán ya te hartarás de bollos esponjosos rellenos de panceta de cerdo.
- *Lettering*: este elemento es determinante. Cuando veas un garito con pizarras, paredes y cristales escritos con una caligrafía que parece hecha por un niño de los años cuarenta, desnutrida pero bien peinada y sonriente, es que has entrado en uno de estos establecimientos de la mediocridad gastronómica.
- Digitalización desmedida: todo el personal de sala lleva comandero digital y los encargados se comunican a

través de un pinganillo con el responsable de cocina; aunque el local tenga tan solo cinco mesas.

Elementos relacionados con el capital humano:

- No soy camarero: atender mesas, servir comida y bebida es una profesión de segunda de la que el personal de sala siempre reniega. Los meseros que trabajan en estos sitios aprovechan cualquier momento para recordar a los clientes que «esto no es lo suyo», que son diseñadores, escultores, tatuadores y artistas de la vida que no encuentran nada «de lo suyo». Ellos están ahí porque no les queda otra y necesitan pagar facturas.
- TSNR: Tensión Sexual No Resuelta. Los bares de mierda son un campo de fornicio. Los camareros follan —mucho— entre ellos y con clientes todo el rato. A todas horas. Incluso durante el servicio. Este punto requiere mucha atención porque no se percibe a simple vista, pero, si afinas tu sentido arácnido, detectarás con facilidad cómo la tensión sexual se podría dividir en porciones con el cortador de pizza que tienes sobre la mesa, dentro del cubo ese de acero inoxidable donde también encontrarás servilletas y tenedores.
- Apatía generalizada: tras ese delantal de tela vaquera con bolsillos inútiles que ha diseñado alguien que no tiene ni idea de hostelería, hay un alma frustrada que odia su trabajo. Esa persona no quiere atenderte y te habla con una sonrisa nerviosa por temor a que dejes una mala reseña en Google y pierda su trabajo.
- Condiciones laborales de explotación: parte de la apatía de los trabajadores viene dada por las condiciones laborales precarias que se ven obligados a asumir. Este punto es imposible de detectar a través de

la observación pasiva, pero tienes muchas probabilidades de descubrir esta información si te tomas unos chupitos con alguno de los camareros. Mientras tanto, sus jefes, señores y señoras emprendedores y dinámicos, se emborracharán y consumirán cocaína con sus amigos en la mesa de siempre.

El buen bar es aquel espacio de encuentro entre un paisano cirrótico que, mientras se toma un carajillo, arregla el mundo con un diseñador gráfico treintañero que se está comiendo una ensaladilla. Quizás tenga una puntuación mediocre en Google y su propuesta gastronómica no sea para echar cohetes, pero allí dentro pasan cosas sin que nadie pretenda aparentar lo que no es.

ODA AL SÁNDWICH MIXTO[2]

Los orígenes del minigolf se remontan a la Escocia del siglo XIX. Alguien pensó que sería una buena manera de que niños y mujeres se entretuvieran dando golpecitos a una bola con el objetivo de introducirla en diferentes hoyos tras superar un continuo de obstáculos simples como montículos o pasadizos estrechos. Entretanto, los hombres de la casa pasaban la mañana practicando golf —un deporte de verdad— y se tomaban a sí mismos muy en serio.

El minigolf ha ido evolucionando a lo largo de los años con estructuras complejas, como molinos motorizados, neones de colores o jardines de estilo japonés con estanques y puentes de madera. Lo que nunca ha perdido este pasatiempo es la esencia de ver el deporte como un juego divertido que huye de elitismos clasistas. El minigolf acoge sin juzgar tanto a ingleses borrachos y desdentados como a familias del Opus Dei o jóvenes amantes de un pasado no vivido que se sacan fotos con cámaras analógicas.

¿Y qué tendrán que ver los bikinis con el minigolf? Pues mucho. Hemos visto en decenas de artículos que la mítica sala de baile y conciertos llamada BIKINI, en Barcelona, fue la que puso el nombre al famoso sándwich. El local contaba con una zona al aire libre donde los clientes jugaban al minigolf mientras comían este bocadillo, bailaban o escuchaban música. El bocado blando de jamón y queso que se servía allí

---

[2] Artículo original publicado en *El Comidista* (El País) el 12 de julio de 2024 bajo el título *Bikini: ensayo sobre un icono pop de la gastronomía tabernera*.

se popularizó tanto que quedó bautizado en toda Cataluña con el nombre de la sala. Pero, si vamos un poco más allá, si nos adentramos en lo más profundo de su simbolismo, observamos un vínculo mucho más potente. Si el minigolf es una actividad deportiva infravalorada, vista como un juego para niños, que jamás nadie propondrá como deporte olímpico, el sándwich mixto es el patito feo de la gastronomía en un momento en el que los bocadillos gourmet están en pleno auge.

Debemos reivindicar la importancia del bikini como icono pop de la gastronomía tabernera. Un bocadillo que apetece en cualquier momento del día. Tanto para desayunar, acompañándolo de un café con leche, como para almorzar cuando el tiempo aprieta y toca comer a toda prisa, o para merendar o cenar. Eso sí, debe cumplir con unos criterios mínimos.

La ejecución de un sándwich mixto es clave para determinar el grado de compromiso que tiene un bar por hacer las cosas bien. El bikini es un bocadillo que pocos bares se toman en serio. Aunque suele liderar la parte superior de las pizarras, al igual que el empollón de clase que se sienta en los pupitres de primera fila, pasa completamente desapercibido por el resto de sus compañeros. Vive eclipsado por los más musculosos, como el lomo con beicon y queso, y los guays de influencia italiana rellenos de mortadela, stracciatella y pistacho. En la mayoría de los bares, el bikini es percibido como un bocado demasiado básico como para dedicarle tiempo y cariño. Se presupone que es una solución rápida para quienes tienen prisa y que, por lo tanto, el cliente prefiere zampar lo antes posible sin fijarse en si se está comiendo un excremento de rinoceronte. Taberneros de pacotilla, os equivocáis. No queremos bikinis despachados con un pan que sabe a goma MILAN 430. Dejad de rellenarlos con lonchas de fiambre de carne humana en estado de putrefacción y de ese queso más industrial que un almacén de recambios para coche. Toda esta carencia de amor hacia las elaboraciones sencillas solo nos informa de que os importa una real mierda vuestra misión: dar de comer.

Existen ciertos indicadores básicos de calidad que todos los bares deberían estar obligados a cumplir. Tendría que haber algún tipo de policía secreta o, yo qué sé, un Ministerio de las Cosas del Comer que velase por el cumplimiento de estos mínimos. Me imagino a unos señores con el bigotillo perfilado, el pelo cortado como un niño de los años cuarenta y un castellano con acento francés muy marcado. Este Escuadrón del Buen Comer entraría a los bares para verificar si las patatas fritas se sirven crujientes y no son arenosas; se aseguraría de que, como mínimo, las tortillas a la francesa se presenten envueltas como si fuesen cojines cremosos de huevos camperos; vigilaría que los bikinis se plancharan con delicadeza. Los bares que no cumplan con esos mínimos establecidos por el Escuadrón del Buen Comer, recibirían una formación con el objetivo de aumentar la calidad tabernera de este país.

Las grandes ciudades se están encontrando con que está despareciendo el término medio. El mapa ha quedado dividido en dos bandos. A un lado se encuentran los bares donde se elaboran bikinis con menos sensibilidad que una entidad bancaria y, al otro, tenemos locales especializados que convierten platos de la cultura popular española en viandas de fantasía.

La cuestión reside en que, cuando vas con prisa y necesitas picar algo con celeridad, no deberías tener miedo a la hora de pedir algo tan sencillo como un bikini en cualquier bar. En ese momento, no necesitas comerte el mejor bikini del mundo, ni que lleve trufa o yema de huevo confitado; tan solo quieres comerte un emparedado de jamón y queso que no te recuerde a la suela de unas Converse al masticarlo.

Dicho esto, el sándwich mixto perfecto depende de tres factores: ingredientes, ejecución y precio.

Pan:

- La elección de un buen pan supone el sesenta por ciento del éxito de un bocadillo. El resto dependerá de lo que le añadas dentro y del amor que le pongas en la ejecución. Para el bikini, el pan debe ser de molde. No aceptamos baguettes ni otros panes de barra. Se admite cierta flexibilidad en cuanto al diámetro de la rebanada y al grado de esponjosidad de la miga. En algunos sitios los preparan con rebanadas de pan de brioche de masa madre tan grandes y esponjosas que parecen colchones viscoelásticos. Otros prefieren presentarlos con pan de pagès para darle un toque rústico más crujiente.
- Existe diversidad de opiniones en cuanto a si el pan debe llevar corteza o no. Desde mi punto de vista, el pan sin corteza solo tiene cabida en fiestas infantiles y en meriendas que incluyan tés, pastas de mantequilla y a la familia real británica.

Queso:

- Lo más importante es que sea una variedad que funda bien y que no sea demasiado ácido. Buscamos quesos suaves y sedosos, con un punto dulce. Los ideales para preparar bikinis son el havarti y el edam. Las lonchas no deben ser demasiado gruesas para que todas las partes se fundan de forma homogénea.

Jamón:

- Servir siempre con jamón cocido de la parte trasera del cerdo. Las lonchas deben ser muy finas, como si fuesen papel de fumar muy frágil y moldeable. Prepararlo con fiambre a base de recortes de músculos ciclados con almidones y otras proteínas supondría tarjeta roja y expulsión inmediata. ¿Puede llevar sobrasada y otros embutidos? A ver, Carles Abellán popularizó su versión del bikini con jamón ibérico, queso mozzarella y aceite de trufa negra, y en el Gresca, Rafa Peña lo prepara con lomo ibérico, queso comté y pan del día anterior. Existe una variedad infinita de preparar sándwiches planchados rellenos de ingredientes, pero vamos a ceñirnos al bikini clásico.

Mantequilla:

- La mantequilla es como el actor secundario de una serie sobre el que acaban haciendo un *spin-off*. Su labor es clave para lograr un resultado final impecable. La mantequilla debe estar a temperatura ambiente para poder pincelar el exterior de las rebanadas con facilidad y que la grasa se impregne en toda la miga. Mejor usar mantequilla sin sal y añadirle una pizca de nada al pan si lo ves necesario. Como dijo Epicuro: «Nunca hay demasiada mantequilla». Que no te tiemble la mano si también quieres barnizar de manteca la parte interior del pan. A mí me gusta echarle unas gotas de aceite de oliva virgen extra antes de incorporar el queso y el jamón.
- Algunos disidentes prefieren sustituir la mantequilla por mayonesa. No me convence la idea, prefiero la versión clásica de usar la mayonesa para untar las rebanadas por dentro.
- Existen diversas variaciones para lograr distintos grados de tostado. El clásico *croque-monsieur* se hornea después de bañarlo con queso y bechamel, mientras

que el sándwich Montecristo se empapa de una mezcla de huevo y leche antes de freírlo en una sartén bien engrasada con mantequilla. En el bar El Picadillo, en Zaragoza, probé una versión muy bizarra que vendría a ser una mutación entre un sándwich Montecristo y un cachopo. Embadurnan el emparedado con huevo y pan rallado y lo fríen. Los tienen expuestos en la barra y, cuando alguien pide uno, lo calientan en un horno-microondas industrial del tamaño del Halcón Milenario.

Ejecución:

- Coge dos rebanadas de pan de molde y unta su parte interior con mantequilla o AOVE y les tiras una pizquita de sal. Incorpora sobre una de ellas una loncha de queso, dos de jamón cortado bien fino y otra de queso para finalizar. En este orden.
- En la ejecución lo más importante es que no aplastes el pan como si fuese un coche en el desguace. Tienes dos objetivos: que el queso se funda y que el pan se tueste sin que pierda esponjosidad. Cuando la sandwichera esté más caliente que un pelotazo en la oreja, pon una hoja de papel de horno y echa un poco de mantequilla. Incorpora el bikini. Unta de mantequilla la parte superior del bocadillo y pon un poco de papel de horno encima. Cierra la sandwichera sin presionar demasiado, hasta que los dos panes estén bien atrapados por el calor. Cuando veas que el pan se ha tostado un poco, sácalo y córtalo en diagonal sobre una tabla. Vuelve a incorporarlo y espera a que las dos partes empiecen a supurar lava de color blanco. Retíralo de inmediato. Ya lo tienes.

Presentación:

- Seré breve. No pongas una servilleta en el plato debajo del bikini. Ese trozo de papel es innecesario. Se pega en el pan, no hace más que incordiar y no puedes usarlo para limpiarte los morros porque está empapado de grasa.

Precio:

- Gran parte de la esencia de un bikini es su carácter popular. Es para todos los públicos, como el minigolf. Aunque muchos se empeñen en aburguesarlo, el sándwich mixto siempre será del pueblo.
- En algunos bares de Madrid como el Rocablanca los ofrecen como tapa. No será el mejor bikini del mundo, ni falta que le hace. Ejerce su función de llenar el buche de forma rápida mientras lo acompañas con un café con leche, un zumo o una cerveza. No te encuentras trozos de queso sin fundir, el pan está bañado en mantequilla y encima es gratis —dijo el catalán—. ¿Qué más se puede pedir?

Exijamos que nuestros bares cumplan con unos mínimos de calidad que aseguren que podemos comernos un sándwich mixto en condiciones. No queremos que sea el mejor, solo que esté hecho con amor. Y recordad siempre aquella frase que dice así: «Hard times come and go, minigolf & bikinis stay forever».

TRAGAPERRAS, MONEDAS DE DOS EUROS Y CAFÉ DESCAFEINADO CON SACARINA

Mariano es un hombre normal que lleva una vida normal. Trabaja como funcionario de Correos desde que se inventó la tinta y camina ligeramente encorvado, como si cargase una mochila imaginaria repleta de desgracias e infortunios. Luce una barba canosa y desaliñada que camufla un cutis escamoso y rojizo, y sobre la que cuelga una patata mustia de la que brotan varios pelillos rizados. Sus ojos de gaviota, diminutos y de mirada intensa, aumentan de volumen tras los cristales de alta graduación de sus gafas enclenques.

Mariano aparece cada mañana acompañado de su inseparable carpeta azul y un fajo de sobres unidos por una goma elástica. «Un café largo descafeinado con hielo y sacarina». Se lo reclama a Miquel con una voz que parece salida de la flauta desafinada de un niño sin aptitud para la música.

En los veinte minutos que Mariano pasa en Can Porró, se toma un total de cuatro cafés descafeinados con hielo y sacarina. Entre café y café, Mariano aprovecha para preguntarle a Flora si alguien ha pagado con alguna moneda de dos euros; porque Mariano colecciona monedas de dos euros.

Durante una breve eternidad, Flora y Mariano recrean una escena de intercambio medieval en la que el cartero, como experto en la materia, comenta todas y cada una de las monedas de dos euros que atesoran en la caja registradora. «Las de

Chipre son raras de cojones. Pero yo no las vendo, porque a mí lo que me importa es el coleccionismo. ¿Me entiendes?».

Mientras Miquel repasa los cubiertos con un trapo de algodón empapado de una mezcla de ginebra barata con agua, Mariano hace un inciso en su afición por la numismática y le cuenta que él fue ludópata durante muchos años y que por culpa de su enfermedad perdió a su mujer. «Le pedí un préstamo a Correos y, cuando me di cuenta de que lo estaba echando a las tragaperras, devolví lo que me quedaba e ingresé en un centro. En Correos entendieron mi situación y me ayudaron mucho». Mariano asiente con un gesto de respeto y orgullo. Flora le sirve otro café. Mariano sigue hablando y empalmando cigarros como un enfermo mental mientras Miquel rellena la bandeja de acero inoxidable de la vitrina expositora con sardinas ahumadas y las cubre con un chorro generoso de aceite.

«El coleccionismo me salvó la vida. Antes tiraba todas las monedas de dos euros dentro de un pozo sin fondo, luminoso, y ahora me las guardo, porque en la rareza está la riqueza y las cosas buenas de esta vida», sentencia el cartero exhalando el humo de la última calada.

Mariano paga sus cafés y anuncia su marcha repicando sus nudillos en el mostrador de mármol.

Mariano es un hombre normal que lleva una vida normal.

CHAQUETILLA DE CUERO CON TU NOMBRE BORDADO

Quizás ya no lo recordamos, pero hubo un tiempo en el que las cocinas fueron el territorio más hostil de un restaurante. Un sótano sucio y abandonado habitado por hombres —por supuesto, solo hombres— que provenían de los bajos fondos. En aquel inframundo, mandaba el que había pasado por más cocinas y no el que tenía más formación académica. Se le reconocía porque era el que más chillaba mientras fumaba un pitillo a la vez que picaba unas chalotas en brunoise. Se humillaba al que supuraba un ápice de sensibilidad y se ridiculizaba a los recién llegados. Los camareros temblaban de pánico cada vez que volvían a la cocina con un solomillo chateaubriand intacto y titubeaban al informar al chef que el cliente lo encontraba demasiado crudo. Cuestionar el punto de la carne al jefe de cocina era sinónimo de movida de las tochas. El pedazo de carne, cubierto por una salsa sedosa y emplatado con la delicadeza de un señor con más adicciones que Mathew Perry a finales de los noventa, acababa estampado contra el suelo mientras los comensales escuchaban desde sus mesas un recital de insultos homófobos y racistas. Vamos, que las cocinas no fueron siempre *hubs* de innovación y creatividad. Si haces el intento de visualizarte traspasando la puerta de alguno de aquellos tugurios malolientes donde se servían viandas de todo tipo, es muy probable que el terror se apodere de tu cuerpo; como aquella vez que acabaste en el *after* equivocado, ese al que solo acuden delincuentes, camellos y porteros de discoteca y en el que, por supuesto, todo el mundo está fumando dentro.

Durante siglos, las personas que trabajaban guisando entre cazuelas, ollas y sartenes han pasado completamente desapercibidas por la opinión pública, incluso aquellas que lo hacían en restaurantes prestigiosos. Con la proliferación de programas televisivos presentados por cocineros, la popularidad de las estrellas Michelin y el interés creciente de una sociedad hedonista que ansía comer en lugares anónimos cargados de personalidad, la figura del chef ha ido adquiriendo un protagonismo deslumbrante. El influjo que ejercen hoy roza, para muchos, lo desproporcionado.

LOS PIJO-COCINEROS

Existe otro indicador, quizás más sutil y menos perceptible a simple vista, que también manifiesta este engrandecimiento del cocinero como artesano y creador, y que requiere de una mención especial.

A los pijos siempre les ha gustado invertir en negocios de hostelería. Si indagamos un poco, encontraremos a dos amigos llamados Nico y Lucas jugando a tener su primera empresa. Bien podría ser una taberna informal para clientela que viste con náuticos y polos con la bandera de España bordada en el cuello, un bar de copas o un restaurante de arroces en primera línea de mar en L'Escala. Debido a su afamada tradición por estudiar Dirección y Administración de Empresas, su implicación siempre se ha limitado a inyectar dinero fresco para que el negocio funcionase de forma autónoma. Jamás en la vida se les ocurriría tirar una caña ni, mucho menos, enfundarse en un delantal. Se dejan ver de vez en cuando y muestran un interés relativo y superficial por conocer el estado financiero. Sobre la situación del capital humano no suelen mostrar ningún tipo de inquietud. Acuden al establecimiento para invitar a sus amigos, celebrar cumpleaños y comer y beber sin pedir la cuenta al marcharse.

En la universidad nadie les enseñó que el liderazgo no se ejerce con la fuerza del que más tiene, sino con autoridad, respeto, empatía e implicación. Como lo suyo es mear dentro de su territorio, en ocasiones, aparecen con la intención de ejercer poder para que a nadie se le olvide quién manda ahí. Desestabilizan a los camareros —jamás a los cocineros— con órdenes ambiguas que lo único que consiguen es cuestionar y desprestigiar el trabajo de alguien que lleva unas cuantas horas en su puesto. Manifiestan arranques impulsivos por tomar la iniciativa y agarran la escoba y barren la entrada, en plan «esto es un desastre, si no lo hago yo, no lo hará ninguno de estos inútiles».

La mera implicación financiera de los pijos en hostelería lleva siendo así desde hace siglos, pero en estos últimos años estamos viendo un cambio de comportamiento. Es interesante observar cómo han proliferado la aparición de restaurantes regentados por pijos que también se mojan en la creación de la carta y la ejecución del servicio. Algo ha cambiado en la sociedad para que un chaval llamado Jacobo, seguramente el tercero de cinco hermanos de una familia conservadora, haya decidido estudiar Cocina. Además de convencer a sus padres para que inviertan su dinero en un restaurante de bocadillos gourmet al que llamará San Jacobo, este joven se pondrá unos guantes negros de nitrilo y un delantal para marinar carnes, preparar salsas y freír patatas.

En los pasillos del instituto recuerdo que se escuchaba un chascarrillo que decía así: «El que vale vale, y el que no, para ADE». Namasté. El refranero popular es muy sabio. Históricamente, los pijos que carecen de algún tipo de talento, se inclinan por formarse en escuelas de negocios tan prestigiosas como inaccesibles para la economía de muchos hogares. Su objetivo es acabar enchufados en cualquier multinacional o mantener alzado el imperio familiar que creó su abuelo.

Estamos viendo un ligero e interesante cambio en este aspecto. Algunos de los pijos más canallitas, los que lo suspenden todo en la ESO, se están decantando por estudiar Cocina para convertirse en unos profesionales al mando de los fogones. Este giro motivacional es debido a que, en la actualidad, las personas que trabajan en cocinas de restaurantes son percibidas por la sociedad como artistas más que como currantes que dan de comer a la gente. Cocinar ha dejado de contemplarse como un oficio duro que implica cortes, quemaduras y relaciones laborales tóxicas. Se ha convertido en un empleo aspiracional; en un arte por el que merece la pena que los dedos apesten a ajo recién picado.

Las escuelas de hostelería están llenas de jóvenes que sueñan con lucir una chaquetilla con su nombre bordado mientras acumulan horas de experiencia en uno de los mejores restaurantes del mundo. A cambio, recibirán un plato de comida caliente que engullirán antes de irse a dormir en una habitación con literas junto a los compañeros con los que se pasan el día. Si eso no es una tortura, que resurja Anthony Bourdain de las tinieblas y me lo diga a la cara. Los chavales están dispuestos a todo con tal de convertirse en artistas gastronómicos; en creadores de esculturas comestibles, de piezas efímeras que se desvanecen tras ser devoradas por alguien que se ha preocupado de inmortalizarlas con su iPhone.

Cuando una tendencia traspasa las fronteras de la comunidad pija significa que la masa de la población se ha apoderado de ella por completo. Es posible que nos encontremos ante el inicio del declive de los cocineros vistos como si fuesen Daft Punk a los fogones.

THE BEAR

Merece ser comentada la serie estadounidense creada por Christopher Store en la que un joven y atormentado cocinero protagonizado por Jeremy Allen White coge las riendas de un pequeño bar de bocadillos familiar para elevarlo a la cima más alta de la gastronomía; allá, donde brillan las estrellas.

Aquí lanzo algunos de los aspectos que más me han llamado la atención:

- Los niveles de exigencia en la alta cocina son equivalentes a los que se imponen los deportistas de élite con el fin de ser los mejores. A pesar de ello, vivir por y para trabajar y sacrificar tu vida personal con el objetivo de lograr la fama y el reconocimiento son ideales que forman parte del pasado. El desarrollo del argumento, ambientado en la actualidad, se contrapone a los valores que imperan en el contexto en el que vivimos, donde se revaloriza el tiempo de calidad y el crecimiento espiritual. Tal y como he comentado con anterioridad, el sector de la restauración —incluida la alta cocina— está batallando por mejorar las condiciones laborales de los trabajadores en un gremio que ha destacado históricamente por su precariedad. La serie obvia elementos cruciales como la carencia de contratos estables, sueldos bajos o la falta de conciliación.

Liderazgo visceral, masculinidad frágil y dinámicas de trabajo insalubres:

- Es bien sabido que en las cocinas de todo el mundo han volado cuchillos entre compañeros debido al estrés que produce tener toda la sala repleta de comensales hambrientos. Esta serie fuerza la tuerca del cliché hasta pasarse de rosca. Gritos, insultos, quemaduras, ollas rebosantes con fondos bullentes que caen al suelo, suciedad, la falta de tiempo, la angustia de no tener la *mise en place* preparada para el servicio. Toda esta vorágine de caos y desorden te traslada al siglo pasado. En la mayoría de cocinas de restaurantes del mismo nivel que en el de la serie, existen protocolos y el liderazgo suele ser más racional y estructurado que el del protagonista, quien se caracteriza por actuar de manera impulsiva y sin pensar en el bienestar colectivo de su equipo. Carmy representa al clásico hombre atormentado y obsesivo con la mirada alicaída. Un tío tan guapo como disfuncional, incapaz de gestionar sus emociones, si es que corre algo más que bechamel por sus venas.
- Si lo que el director pretendía era transmitir cómo se trabajaba en las cocinas del siglo pasado, Carmy debería salir en alguna escena pegando una bronca descomunal a un empleado tras pillarle consumiendo cocaína a escondidas entre las cazuelas o al verle llegar al curro de doblete y apestando a roncola. Todo quedaría solucionado después de lanzarle cuatro improperios minutos antes de comenzar el servicio. No le despediría, porque si existe alguna profesión que acepte con honestidad y compasión las oscuridades más profundas del ser humano, es la de cocinero.

Idealización de la alta cocina:

- En *The Bear*, se eleva el oficio de tal manera que la serie sugiere que evolucionar hacia la alta cocina es el progreso lógico hacia el éxito. En el mundo real, ese giro puede ser económicamente inviable, poco sostenible o directamente contraproducente. No todos los negocios necesitan convertirse en restaurantes de estrella Michelin para ser respetables ofreciendo la máxima calidad. Ganarse la vida cocinando va de hacer bocadillos y huevos fritos en la mayoría de los negocios de este planeta. Preparar a conciencia, con mimo y delicadeza, un buen mixto de jamón y queso o una tortilla a la francesa es la mejor manera de elevar el oficio al peldaño más alto.

LA POLÍTICA DEL BUEN COMER

Es miércoles al mediodía. Llegas al ecuador de la semana laboral sin pena ni gloria. Has sobrellevado de la mejor manera posible los desprecios engalanados con sonrisas y palmaditas en la espalda que tu jefe lleva derramando sobre ti desde el lunes por la mañana. Te mereces un premio. Coges el teléfono para mandarle un mensaje a tu pareja. «Mañana vamos a cenar fuera. Invito yo». Abres Google Maps y te sorprende la cantidad de bares y restaurantes que tienes guardados. Te harían falta varias vidas y siete baipases para poder probarlos todos. Quieres elegir la mejor opción, el lugar perfecto. Debe ser elegante, pero sin excesos ostentosos. Es una cena de jueves y no hay nada que celebrar. Quizá sí. Tienes salud y trabajo estable, por ahora; y puedes permitirte ir a comer fuera de vez en cuando. Yo qué sé. Tu pareja te quiere. Tú también la quieres. La vida va de eso, de festejar. Todo puede irse a la mierda mañana. Buscas uno que no sea muy caro, aunque podrías costearlo. No es una de esas cenas. Simplemente quieres encarrilar la llegada de los mejores días de la semana compartiendo con tu persona favorita una velada impecable. Te apetece algo moderno, pero que no reniegue de la tradición. Mantel impoluto, una iluminación tenue y cálida que te abrace y te reconforte. Tal vez un cóctel para empezar. Este tiene buena pinta, pero ¿quién hay detrás de este restaurante?

Elegir dónde ir a comer puede parecer un gesto menor. De hecho, lo es si lo único que se busca es llenar el buche para cargar la barrita de energía y seguir cabalgando a toda velocidad por esta broma llamada vida. Tenemos prisa y cualquier bar nos sirve de avituallamiento para repostar. Pero este poder de decisión también es una forma sutil de posicionarse en este mundo escabroso. Cada vez que elegimos a qué restaurante queremos ir es una oportunidad para reforzar el modelo de sociedad que deseamos.

Al igual que pasa con la moda u otras categorías que *a priori* pueden sugerirnos cierta frivolidad, en la gastronomía coexisten una gran variedad de sectores que ejercen un impacto enorme en nuestra vida. Sin ir más lejos, para la producción de una prenda intervienen otras industrias además de la textil. La agrícola, porque para la recolecta de algodón se requieren miles de litros de agua por kilo; la química, con millones de toneladas de residuos de ropa elaborada con compuestos químicos que no se pueden reciclar, o la logística, con las emisiones de CO_2 que conlleva el transporte. Además, hay que tener en cuenta el consumo energético que se necesita para manufacturar y las condiciones laborales de la mano de obra.

Con la restauración pasa lo mismo, también intervienen otros agentes y una gran variedad de industrias. Por lo tanto —y pido disculpas por la obviedad que voy a decir ahora mismo—, no todos los bares son iguales. Están los que miran con minuciosidad el origen de la materia prima que usan, los que varían su carta en función de la temporada, quienes respetan el ritmo de la tierra. Otros priorizan el precio por encima de todo lo demás sin contemplar la calidad o la procedencia. También están los restaurantes sin cocina que ofrecen productos de quinta gama y en lugar de fogones tienen microondas y freidoras. Algunos tratan bien a sus clientes, respetan los horarios de los trabajadores y pagan sueldos justos. Otros exprimen a sus empleados con jornadas eternas y contratos invisibles. Unos promueven la diversidad y el encuentro, fortaleciendo el tejido vecinal y la cultura de barrio. Otros reproducen un modelo uniforme, rápido y desechable.

Wendell Berry,[3] con su frase «comer es un acto agrícola», lo resume con suma agudeza. Cada bocado que ingerimos tiene su origen en la tierra y en el trabajo de los agricultores. No se trata únicamente de llenar el estómago, sino de participar en una red de decisiones que afectan al planeta, a las personas y a nuestro futuro.

*

Después de esta chapa cargada de reflujo moralista, tan solo puedo añadir que hagas lo que te dé la real gana sin castigarte demasiado. El ser humano es incoherente por naturaleza. Predicamos lo contrario de lo que hacemos y señalamos a los demás protegidos desde la atalaya de nuestro teléfono móvil. Hoy alzamos pancartas contra la especulación inmobiliaria mientras estamos en una manifestación para reivindicar el pequeño comercio y mañana pediremos comida a domicilio a una franquicia de hamburguesas sin dejarle ni un euro de propina al repartidor. Pero si algo está de nuestra mano como seres humanos es el poder de la consciencia. La capacidad de percibir la realidad y de reconocernos en ella es el motor indispensable para esculpir nuestra moral. Acoger la incoherencia como parte de nuestra razón de ser es liberador. Mira más allá de tu plato y de la comodidad de tu silla. Sé consciente de que estás comiendo en un restaurante que carece de personalidad, en un parque temático que forma parte de un gran grupo hostelero que tiene en plantilla a ciento cincuenta trabajadores bajo unas condiciones lamentables.

---

[3] Wendell Berry (1934): escritor y agricultor estadounidense. Gran activista por los derechos civiles y defensor de la agricultura ecológica.

Salir a comer fuera puede ser un acto frívolo y, a su vez, un gesto consciente. No se trata de ser perfecto, sino de aceptar que cada decisión que tomamos tiene consecuencias en la sociedad y en nuestro entorno.

Los bares son lugares de paso, pero también son espacios que reflejan el tipo de sociedad que construimos. Comer es una actividad rutinaria a la que no solemos darle demasiada importancia, pero también puede ser una manera de fortalecer nuestras creencias y apoyar los valores que queremos ver florecer. Los actos cotidianos, como vestirse o alimentarse, son actividades poderosas porque en lo ordinario del día a día es donde se estriban los fundamentos que sostienen en pie nuestra comunidad. Cuando nos paramos a pensar en qué restaurante nos encontramos, en si la persona que nos atiende es también la propietaria o en si se trata de una cadena de restaurantes que tan solo pretenden blanquear dinero, comer deja de ser una simple actividad hedonista. Comer se convierte en un acto político.

PIDE LO QUE QUIERAS

Pronto hará un año desde que Ramón y Estíbaliz decidieron divorciarse para iniciar una nueva vida por separado. La relación acabó de forma civilizada. El caudal vigoroso de la pasión fue menguando hasta convertirse en un hilo que caía con lentitud sobre una balsa colmada de algas, plásticos y deshechos matrimoniales. La turbiedad del agua les impedía ver sus rostros reflejados en ella, y la complejidad de los asuntos del amor y las cosas del querer les mantuvo confundidos hasta que se dieron cuenta de que el deseo se había transformado en un cariño fraternal. Lo único que los mantenía unidos bajo el mismo techo era un puñado de buenos recuerdos y Lucía, su hija de ocho años. Vivían como dos amigos cuidando de una niña. Después de una charla bañada en lágrimas y varios abrazos cargados de perdón, se separaron en la enésima bifurcación del camino que emprendieron hace quince años.

Estíbaliz y Lucía se quedaron en el piso de la calle Rocafort y Ramón volvió a casa de su madre. «Mi madre me necesita desde la muerte de papá».

La madre de Ramón se llama Lina. Siempre va calzada con unas zapatillas deportivas muy dinámicas de la marca Dr. Scholl. No se pierde ningún viaje del Imserso, va a clases de pilates, queda con las amigas para tomar café y está acabando un curso sobre inteligencia artificial en el CCCB. Ramón trabaja como comercial para una empresa que distribuye material de hostelería a bares y restaurantes. Su nómina es de mil doscientos euros más un tanto por ciento en comisiones. Con suerte, en los meses de verano, consigue llegar a los mil quinientos.

Lucía, como cada quince días, ha pasado el fin de semana con su padre en casa de la abuela. El sábado, Lina le preparó churros con chocolate caliente para desayunar y le dejó mezclar todos los ingredientes en un vaso de cristal para hacer la salsa avinagrada del aperitivo. Le gusta estar en casa de la abuela porque hace el vermut como los mayores, aunque todavía no pueda tintar la gaseosa con vino. Come anchoas, boquerones, olivas y se bebe el líquido picante que queda en el cuenco de los berberechos.

El domingo, Ramón y Lucía salieron a comer por ahí. Lina, aunque es más barcelonesa que las cotorras argentinas, tenía entradas para visitar por primera vez el Hospital de Sant Pau con Gregorio, un señor muy apuesto que siempre va perfumado y con los zapatos bien lustrados. Lina insistió en dejarles preparados unos macarrones con chorizo, pero Ramón se negó con rotundidad tras lanzarle algunos dardos envenenados. «No te preocupes. Pásatelo bien con tu novio. Lucía necesita pasar tiempo con su padre».

Ramón y Lucía fueron a comer a La Tagliatella. El local que se encuentra de forma estratégica en el vértice donde confluyen la casa de Lina y el parque. Se sentaron en unas butacas majestuosas de piel artificial de color granate. La mesa estaba vestida con un mantel blanco y las servilletas a juego reposaban sobre la tela como dos tiendas de campaña estilo tipi. «Para de saltar, que esto no es una cama elástica. Te van a llamar la atención».

A Ramón le gusta verse rodeado de camareros uniformados. «¿Has visto a qué sitio más elegante te ha traído tu padre? Pide lo que quieras». Lucía eligió una pizza cuatro estaciones y espaguetis a la carbonara. Ramón se decantó por una ensalada porque quiere quitarse cinco quilos de encima.

Ramón se pasó toda la comida con la mirada clavada en su teléfono móvil mientras Lucía se distraía viendo dibujos animados en una tableta.

—¿Les retiro ya los platos?

—Lucía, hija mía, no has comido nada. ¿Me pones todo esto para llevar? Gracias.

—¿Quieres algo de postre?

—Flan.

—No tenemos flan.

—Mira, tienen tiramisú.

—Quiero flan.

—BUENO, HIJA, NO TIENEN FLAN. YO QUÉ SÉ.

—¿Les dejo unos minutitos?

—No, trae tiramisú y dos cucharitas, por favor. Gracias.

—Eloi dice que el tiramisú tiene mucho azúcar.

—¿Quién es Eloi, hija?

—El novio de mamá. Es entrenador de crossfit.

El camarero se alejó manteniéndose estoico y profesional. Ramón se hundió en la butaca de polipiel granate y su corazón quedó reducido al tamaño de un ñoqui bañado en salsa arrabiata. Después de un breve silencio en el que solo se oía el sonido metálico de los cubiertos batallando con los platos de porcelana, Lucía dijo:

—Papá, si puedo pedir lo que quiera, quiero irme a casa con mamá.

COMER MODERNAMENTE (SIN ACABAR SIENDO UN REMATADO GILIPOLLAS)[4]

Un cocinero de cuarenta y pocos que lleva una cresta mohicana, el mismo peinado que lucen los adolescentes perdidos que escuchan Stay Homas y Kortatu, es tratado como un DJ de Ibiza de principios de los 2000. La gente ahorra durante meses para ir a comer a restaurantes galácticos y hacerse fotos con el Richie Hawtin de turno a los fogones. Cocinar es sexy y atractivo. Aprendemos a hacer esferificaciones de cabrales para convertir un cachopo en una vianda de categoría y ya no hablamos de bandas emergentes de música, sino de restaurantes nuevos. Los lineales del Mercadona están llenos de botes de esferas gelificadas de aceite de oliva, también conocido como *caviar de AOVE*. Vamos, que todo lo que tiene que ver con la fiesta efímera del comer se ha convertido en un asunto aspiracional para la clase media trabajadora.

El consumo de ostras y la proliferación de baretos que sirven este molusco es un claro ejemplo de cómo se ha democratizado el lujo gourmet en los últimos años. Los autodenominados *bistró* o *gastrobar* ofrecen estas conchas de la madre perla como cuando el boom de las San Miguel a un euro; a lo loco.

Si una cosa tengo clara en esta vida, como persona que se ha criado en un bareto de barrio, es que la línea que

---

[4] Artículo publicado en *The Posttraumatic* (febrero, 2023).

establece los límites entre la finura y la vulgaridad es casi invisible. En los asuntos del comer, uno de los parámetros para medir la transición de la elegancia a la ordinariez es contabilizar la cantidad ingerida de un mismo alimento durante una comida. Existe un método infalible y muy recurrente para detectar la garrulez gastronómica: observar a la peña comiendo ostras. ¿Hay algo más zafio que comerse una docena de ostras del tirón? Sí, engullir doce ostras del tirón mientras fulminas una botella de vino en tres copas.

En agosto del 2023, *El País* publicó una entrevista a Marti Buckley, periodista gastronómica americana afincada en Donosti, en la que lanzó, desde las nubes del Olimpo, unas declaraciones cargadas de napalm hacia los mortales: «No hay casi nadie que odie las ostras y luego sea una persona culta e interesante». Una afirmación colmada de clasismo capaz de provocar lo mismo que una intoxicación de ostras: diarrea extrema y vómitos de bilis.

Cuando el cuerpo te pida comer y beber aquello que te hace sentir por encima del resto de los humanos, no te dejes seducir por esa pizarra que anuncia «ostra + copa de cava: 6,00 €». Recuerda que, aunque seas autónomo o pobre, o seguramente ambas cosas, debes comer modernamente sin acabar siendo un rematado gilipollas.

CÁRCEL DE PECES

Miquel adecenta la mesa con esmero y avisa a Marina y Alberto para que dejen la barra y tomen asiento.

Son casi las cuatro de la tarde. Los ritmos jazzísticos que sonorizan el bar se han apaciguado y han quedado absorbidos por los percutores que levantan las baldosas de la acera de enfrente. En la calle, Said recupera medio pitillo de liar que se encuentra resguardado en una grieta diminuta de la fachada del bar. Se fumó la primera mitad antes de entrar a trabajar y acaba de recuperarlo de su escondrijo para rematarlo a modo de premio después de un servicio ajetreado, pero sin sorpresas.

Mientras expulsa de un largo suspiro el último aliento de humo tóxico, observa la gran cantidad de grúas que sobrepasan los viejos bloques de viviendas. El cielo está repleto de palés voladores que se dirigen a hoteles vanguardistas que se alzan al aire como templos faraónicos.

Said restriega la colilla contra la suela de uno de sus zuecos de goma y da punto final a su descanso.

—*Can I get a coffee, please?* —pregunta un joven rubio de ojos azules que aparece de la nada pedaleando sobre un trozo de hierro oxidado.

—¿Café? Sí. Pasa. —Said abre la puerta y le cede el paso como un portero desaliñado vestido con una chaquetilla blanca acribillada de lamparones. A pesar de que nadie en su sano juicio robaría ese trasto, el muchacho se mete en el bar agarrándolo con el recelo de quien ha padecido el hurto de más de una bicicleta.

Al entrar de nuevo en Can Porró, Said se queda contemplando el pequeño cartel con letras enormes que desde hace unas semanas no deja de recordarle que sus días en ese trabajo tienen fecha de caducidad: SE TRASPASA.

—*Hi!, un flat white, porfavohr* —pide el joven rubio de ojos azules y mirada confusa.

—¿Eso qué es, guapo? —le suelta Flora con una sonrisa.

—Un café con leche con doble carga —apunta la niña con chándal escolar de color verde y rayas amarillas a lo Adidas antes de seguir con su lectura de Gloria Fuertes.

Pecera:

Cárcel de peces.
Bola de cristal llena de agua abierta por arriba
donde se mete a los peces de río o de mar,
donde los peces se acostumbran a vivir malamente.
Un pez en una pecera es como un pájaro en una jaula,
Ambos están injustamente presos sin motivo,
Solo para nuestra distracción.

UNA DE BUITRES CARROÑEROS[5]

Desde hace varios años, cuando entro a ciertos bares siento una extraña emoción. Me refiero a esas tabernas que me recuerdan que hubo un mundo gobernado por la insensatez humana en lugar de hojas de cálculo e inteligencias artificiales. Cuando me encuentro con el codo apoyado en una barra de acero inoxidable, y una señora en bata, con los tobillos rechonchos sobresaliendo de unos zuecos, me sirve una cerveza, experimento una especie de alegría más agridulce que un pollo a la naranja. Me paro en frente de estos establecimientos y los contemplo con respeto, como si fuesen el último bastión de resistencia contra la subida de los alquileres, los fondos buitre y la imparable homogeneización urbanística. Me siento como si estuviera tomándome un vino en una trinchera. Más allá de la puerta de madera, están en guerra y hace mucho frío. A su vez, me entristece pensar que, quizás, en unas semanas, ese templo de la restauración haya perdido la batalla contra una franquicia con menos proyección que el *hype* de los *pollofres*.

No pasa un solo mes sin que nos enteremos del cierre de algún negocio que un día decidió abrir sus puertas con la intención de pintar Barcelona a todo color. El 17 de abril de 2023 el Bar Brusi anunció la bajada permanente de su persiana. Los más nostálgicos todavía derramamos alguna lágrima cuando pasamos por la calle Llibretería. Adiós a ese rótulo con tipografía de finales de los sesenta que escupía

---

[5] Artículo original publicado en Barcelona Secreta el 1 de diciembre de 2023 bajo el título *La extinción de nuestros bares*.

estilo y personalidad contra las tiendas de *souvenirs* que rebosan por los alrededores de la Plaça Sant Jaume. Hasta nunca a los mejores callos de Barcelona, sencillos y carentes de pretensión, porque Montse los guisaba con el amor de quien no tiene la intención de liderar ningún *ranking*.

Por si esto no fuera poco, la Granja Bruselas, fundada en 1940, también se vio obligada a dejar de servir chocolate caliente en el *eixample esquerra* debido a que, entre otras razones personales, una empresa turca compró todo el edificio y fue echando a la calle a los vecinos mediante un burofax. Un pequeño bar que superó la posguerra, el franquismo y una pandemia, vencido por una bandada de buitres carroñeros. ¿Sigo? Bar Jofama, Pla de la Garsa, Bar Kasparo y si entramos en otro tipo de negocios como pastelerías, panaderías o tiendas de legumbres la lista se hace interminable.

Las ciudades cambian y evolucionan al igual que las personas. Es natural que cierren negocios para dejar espacio a los que vienen. La muerte forma parte del camino de la vida; pero cuando la causa de la defunción no es natural, sino un asesinato despiadado causado por el hambre insaciable de un sistema psicópata, es cuando debemos preocuparnos.

LA ~~EXTINCIÓN~~ TRANSFORMACIÓN DE NUESTROS BARES

Hace unas semanas quedé con unas amigas para tomar algo por el barrio de Gracia. Decidimos sentarnos en una de las terrazas que hay en Plaça Revolució, un bar de tapas y platillos para compartir. Lo primero que nos dijo el camarero, antes de pedir bebidas y sin darle tiempo a nuestro estómago a que se fuese animando, fue que «la terraza es solo para cenar». Zasca. Le contestamos que nuestra idea era tomar unas cervezas y que, seguramente, picaríamos alguna cosa, aunque se nos hubiesen quitado las ganas de comer al escucharle.

Después de nuestra respuesta, se inició un diálogo lisérgico:

—Las mesas de la terraza son para cenar, para picar algo hay que entrar dentro. Es una política del restaurante.

—Hombre, pero quizás ya cenamos picando alguna cosa.

En ese instante se abrió un debate complejo y abstracto sobre los matices que marcan la diferencia entre una «sena de picoteo» y una CENA. Después de ojear la carta, decidimos pedir unas croquetas, una ensaladilla y unas patatas con alioli. Y aquí empezó a ascender el reflujo psicodélico de la conversación. El camarero nos dijo que pedir tapas de la carta no era cenar, que, para cenar cenar, lo que viene a ser CENAR, había que elegir «platillos».

El bar en cuestión es un local informal con aires desenfadados, y un menú en el que encuentras huevos fritos con jamón ibérico o calamares a la andaluza. No solo nos estaban obligando a comer en la terraza, sino que, además, debíamos pedir los platos que ellos creían oportunos.

El tapeo forma parte de la cultura gastronómica de nuestro país. En un bar de estas características, con una carta de tapas y platillos para compartir, la clientela se va animando a medida que va consumiendo. Entre cerveza y cerveza y entre croqueta y patata empapada en salsa brava. En este tipo de bares, el camarero es quien marca el compás de forma sutil y anima a la clientela a que prueben cosas de la carta. No se puede recibir a unos clientes que acaban de llegar con un manual de normas abusivas antes de que se sienten en la mesa y obligarlos a que pidan ciertos platos de la carta.

Es normal que los negocios de hostelería quieran que el tique medio sea lo más elevado posible, pero ahí reside la perspicacia de los que controlan y dirigen el tráfico de las mesas. Si hay tres personas que tan solo están bebiendo y aparece una familia que quiere cenar, pues se le pide con elegancia a los bebedores que sigan con sus consumiciones en la barra y, si lo ven necesario, se los invita a unas olivas o unas cañas de cortesía por las molestias. Y a seguir.

Esta norma no escrita de reservar las mesas de las terrazas para cenar a partir de las siete de la tarde, es una práctica generalizada en Barcelona. Una praxis que está modificando nuestros hábitos de consumo. ¿Tengo que adelantar mi hora de cenar a las siete de la tarde?, ¿qué alimentos debo tomar para que se considere que estoy cenando?, ¿no puedo cenar con unas bravas y unas croquetas?, ¿debo pedir una paella y unos huevos fritos para que el restaurante me deje tranquilo?

La espontaneidad es un rasgo muy característico de nuestra cultura gastronómica. Unas cañas imprevistas en la barra de cualquier bar con una amiga que te acabas de encontrar. Un aperitivo que comienza con un vermut improvisado y acaba en comilona.

En Euskal Herria se utiliza un término que expresa a la perfección esta manera de ser: *Bizipoza*. Su traducción vendría a decir «alegría de vivir». *Bizi* (vida) *poza* (alegría). Se utiliza para transmitir el alborozo que generan las pequeñas cosas del día a día que a uno le llenan de júbilo. El chorrito de anís que la abuela le echa al café, las charlas que se inician con un par de vinos y se prolongan en una cena inesperada.

El turismo masivo y la gentrificación no solo están transformando nuestro urbanismo, también están cambiando nuestra restauración y, lo que es más peligroso, nuestra cultura de bar.

LA BELLEZA DE LO IMPERFECTO[6]

Últimamente tengo la sensación de que, vaya adonde vaya, siempre estoy frecuentando el mismo bar. Incluso cuando salgo de mi querida Barcelona, cada vez me cuesta más encontrar lugares carismáticos donde tomar un buen café o saciar mis ganas de comer sin que parezca que estoy entrando en una franquicia con buen gusto para la decoración.

Las Navidades pasadas viajé a Ginebra, la ciudad europea donde sale más caro lidiar con la vida, según datos de la consultora ECA International. Viajé en un avión —que más bien parecía un contenedor de carga con alas y muy contaminante— de una compañía de bajo coste con la intención de pasar un fin de semana alejado de mi mediocre zona de confort. Fueron cuarenta y ocho horas en las que hubo tiempo para todo. Di un paseo por un mercado en el que los árboles estaban adornados con lucecitas navideñas y señoras con melena de oro trenzado y la mirada más pura que la sonrisa de un bebé vendían productos artesanos desde sus tenderetes de madera. Comí *fondue* en un restaurante que olía como la colchoneta del gimnasio del instituto después de que treinta adolescentes la aplastasen haciendo volteretas y me sorprendieron la solera y los precios populares del restaurante Bains des Pâquis en contraposición a las tiendas lujosas y clonadas a las de cualquier centro de ciudad occidental. Esa cantina es un santuario en el que sus parroquianos oran a la virgen de la honestidad por la belleza de lo

[6] Artículo original publicado en Barcelona Secreta el 13 de junio del 2023 bajo el título *La belleza de tomarse un buen café en un bar imperfecto*.

imperfecto; un templo de lo carismático ante la dictadura de la homogeneización.

En uno de esos paseos en los que el cuerpo exigía gasolina antes de que las articulaciones se partieran a causa del frío como bastoncillos salados de sésamo y amapola, mi pareja se encargó de buscar un lugar al que ir a reponer fuerzas. Sacó el teléfono de su bolso y, con la seguridad de quien tiene las llaves de una ciudad que no le pertenece, empezó a chequear los puntos rojos que decenas de personas le habían recomendado por Instagram. Cerca teníamos una cafetería. «Bien, vayamos», dije. Al abrir la puerta, los veinte grados centígrados nos abrazaron con la misma calidez que cuando entras en casa de tus padres el 25 de diciembre. El espacio estaba diseñado por alguien que quería que los que estaban ahí pensasen que se había dedicado poco tiempo a cavilar en la decoración. La sobriedad del estilo escandinavo se reflejaba en un mobiliario sin adornos superfluos. Quizás haya a quien le relaje, pero a mí tanta madera lo que me genera son ganas de prenderle fuego a todo. Para compensar el exceso de objetos acogedores, había elementos industriales poco pulidos y acabados en hierro. Así, como muy salvaje, muy crudo; muy loco. Recuerdo un sofá de textura mullida y envolvente; de los que te hacen sentir como en casa si vivieras con cinco compañeros de piso y un perro. Un pastor alemán descansaba sobre una alfombra que se veía tan colorida como magullada mientras sus dueños se tomaban un *chai latte matcha*.

La oferta de dulces era una apuesta al caballo ganador: tarta de zanahoria, tarta de queso, banana bread y cookies con pepitas de chocolate. El barista ocultaba su pelo graso debajo de un *beanie* y mostraba sus antebrazos con un par de tatuajes talegueros impostados hechos por artistas a los que no les tiembla el pulso y usan guantes de color negro. Su mirada vacía de alegría era como un pozo oscuro al que, tras lanzar una moneda, jamás se escucha el chasquido metálico contra el fondo. Por un momento pensé que el corazón que estaba ilustrando con la crema de la leche era un mensaje de socorro. Una llamada de auxilio para que algún desconocido le liberase de la indiferencia en un mundo filtrado, sin impurezas. Pero no. Estaba equivocado. Más allá de los clientes, los únicos elementos del local que transmitían vida eran las plantas colgantes.

Ane y yo nos miramos como si estuviésemos en el rodaje de un remake de Friends a lo siglo xxi. Si la cámara se hubiese alejado del primer plano de las tazas de cerámica japonesa, todo serían cromas, cables, paredes de cartón y risas enlatadas.

¿Por qué, si quiero tomarme un café excepcional, de esos que llaman *de especialidad* porque tiene más de ochenta puntos en una lista de cien, tengo la sensación de que estoy yendo a la misma cafetería? Ya sea en Barcelona, París, Tokio o San Francisco, florecen en cada esquina como las tristes adelfas que recorren los laterales que decoran las autopistas. Todos estos establecimientos utilizan la misma cafetera y su decoración está clonada. Comparten una tipografía idéntica y las personas que te atienden desprenden la misma actitud. Incluso cuando miras a tu alrededor, parece que el resto de clientes formen parte de esta encrucijada llamada *homogeneización*.

*

Comer una escudella de lagrimón en un bar ubicado en un barrio sin interés para los que dominan el mundo mientras suena un recopilatorio de chicha peruana y, en la barra, una camarera vestida con una camiseta con un lobo aullando a la luna te sirve un vaso de vino —del que no importa la etiqueta—, es de las cosas más bellas que pueden pasarte en la vida.

Nunca me han gustado los restaurantes que pretenden ser un parque temático de la cultura que promueven en sus platos, con decoraciones tan previsibles como horteras y melodías folclóricas berreando por los altavoces.

El paisaje urbanístico se está clonando a pasos agigantados. Las aves carroñeras revolotean sobre los locales que llevan décadas dotando de personalidad nuestra ciudad. Quieren arrebatarnos los últimos resquicios de autenticidad. No esperes encontrar belleza en los delantales de tela vaquera, las paredes de tonos pastel, las Marzocco, la espiga del mejor café o los huevos ecológicos pochados sobre platos de diseño.

La belleza —de lo auténtico— es como un regalo bonito mal envuelto con papel reciclado y alguna que otra mancha de grasa de chorizo. La preciosidad se encuentra en las mezclas inesperadas que conviven en armonía; en un plato honesto bien servido por alguien que no se avergüenza de su vajilla pasada de moda ni de su cafetera de gama media.

Ponte en pie ante la dictadura del preciosismo. Déjate llevar por la liberación del feísmo. Enamórate de los suelos repletos de servilletas zigzag, de esas que no limpian nada; de las baldosas quebradas. Frecuenta lugares habitados por personas bellas de espíritu, pero con el rostro castigado por las inclemencias de la vida; donde no se juzgue a los que hablan solos sentados en un taburete.

APLAUDIR LOS CAPRICHOS DEL ALGORITMO

No hay duda de que siempre han existido modas y las empresas se han apresurado para exprimirlas al máximo adaptándolas a su sector y a los valores de su marca. La gran diferencia con lo que estamos viviendo en esta nueva era es que el algoritmo y el universo han descifrado las variables que transmiten aquello que es atractivo y lo han unificado para reproducirlo en masa a ritmo capitalista en todos los ámbitos de nuestra vida. Algo que va más allá de que estén de moda los tonos pastel o de que haya vuelto la primera década de los 2000.

Entiendo que, en épocas de incertidumbre apocalíptica como la que estamos viviendo en los últimos años, la sociedad tienda a virar hacia posicionamientos conservadores. Es un hecho que se lleva repitiendo de forma cíclica a lo largo de la historia. Tenemos miedo al cambio y el pánico nos paraliza. Inventamos tecnologías que nos ayudan a predecir el futuro para saber qué camino escoger.

Por ejemplo, a la hora de elegir un restaurante, nos atemoriza equivocarnos ante una oferta monstruosa e inacabable. Ya no elegimos por nosotros mismos. Vamos allá donde nos digan los *influencers* de turno. Personas que no arriesgan porque solamente recomiendan aquello que cumpla con las exigencias del algoritmo. Lugares que, tanto desde fuera como por dentro, son iguales. Precisamente de ahí viene esa sensación comentada con anterioridad que te recorre la espina dorsal hasta llegar al oído y susurrarte aquello de «parece que estoy yendo siempre al mismo restaurante». Acudimos como idiotas para fichar donde nos han dicho que hay que ir para vivir una experiencia tan real como un fin de semana en Disneyland.

¿Son los curadores de contenido los que no arriesgan? ¿Por qué no nos enseñan locales que brillen por alguna rareza carismática? ¿Será qué la homogeneización que están viviendo las grandes ciudades es un virus silencioso que aniquila todo aquello que se aleja de lo normativo?

La restauración volverá a ser revolucionaria cuando rompa con las cadenas que la mantienen prisionera de los caprichos estéticos y superfluos que dictan los datos y sus esclavos. Todo aquello que se aleja de los códigos imperantes carece de atractivo para la masa de la sociedad. Lo diferente no es seductor. Solo se acepta la diferencia normativa, la que no entiende de riesgos. Este sitio mola porque cumple con estos parámetros. Punto.

Las cosas viejas y feas solo nos parecen bellas cuando viajamos fuera y sabemos que la señora con más años que la orilla del río elabora los ñoquis con sus manos. En cambio, este arraigo a la tradición no lo valoramos en nuestra propia casa.

Los nuevos bares que abren queriendo transmitir tiempos pasados cuidan el detalle desde un preciosismo tan impostado que carece de frescor y naturalidad. Quieren envejecer antes de tiempo, como esos niños de primaria que miran con ojos juzgones y tienen cara de ancianos.

Este tipo de garitos cuelgan en sus paredes fotos de toreros muertos y visten sus rincones con objetos promocionales de marcas de alcohol que han quedado en el olvido. Las mesas de mármol recuerdan a la dentadura perfecta de un joven Paul Newman sin el más mínimo rasguño que denote décadas batallando entre comensales. Es como ir a comer al restaurante de la Polinesia en Port Aventura, sabes que estás inmerso en una farsa, pero pasas un buen rato. O no.

Lo único que les pido a este tipo de bares es que dejen de autodefinirse como «tabernas de proximidad» o «baretos de barrio». Da tanta grima como coleccionar uñas de los pies en un tarro de cristal con tapa de latón dorada. Con añadir en la carta una tarta al whisky y servirla con un buen chorrazo de JB habréis dejado claras vuestras intenciones. Una frasecilla tendenciosa jamás os dará personalidad. Seréis uno más.

Sergio G. Fanjul, escribió en *El País* un artículo muy interesante en el que hablaba de «cómo, cuando todo es moderno, lo moderno se convierte en vulgar». En su artículo lo denominó «cosmopaletismo», un término elegido con suma finura y con el que no puedo estar más de acuerdo.

Las rarezas de los submundos que florecen en el extrarradio, a los márgenes de la cultura de masa, han dejado de pertenecer únicamente al *underground*. Lo moderno, lo *cool*, se ha democratizado de tal manera que ha perdido su carácter diferenciador. Sergio lo explica así de bien en su artículo:

El sociólogo Pierre Bourdieu teorizó sobre cómo la adopción de ciertos gustos y estilos de vida sirve para obtener la distinción con la que las clases dominantes justifican su dominio sobre las clases dominadas. El buen gusto, lo sofisticado, lo guay. Ahora lo moderno se ha democratizado, así que no se le puede pedir que siga aportando distinción. Por eso pecan de inocencia los que pretenden distinguirse adoptando las mismas estéticas que el resto, cuando los barbudos salen hasta en la publicidad de los bancos, las Fuerzas y Cuerpos de Seguridad del Estado, llevan tatuajes y el pack estilístico al completo es comercializado y explotado por las grandes empresas.

Este cosmopaletismo del que habla el artículo idealiza lo lejano, aquello que está al otro lado del charco. El cosmopaleto es capaz de hacer una hora de cola en un bar minúsculo de ramen para subir una foto sorbiendo fideos mientras realiza el signo de victoria con la mano.

POR UNOS LITROS DE AOVE

Lluïsa y Miquel se conocieron durante esa etapa de la vida en la que el tiempo ya no tiene prisa, cuando se ha vivido tanto como para liberarse del peso de la vergüenza, aunque las bisagras ya no dejan andar con soltura.

El monitor, agudo en el arte de observar, decidió sentarlos juntos tras detectar en las arrugas de su mirada que ambos habían dejado a gente amada por el camino. El bus, repleto de cuerpos caducos doloridos por el desgaste de los huesos, se dirigía hacia una escapada de dos días laborables —para el resto de los humanos— en la que regalaban garrafas de cinco litros de AOVE a cambio de escuchar a un señor intentando vender colchones viscoelásticos que han viajado del futuro al pasado. Lluïsa y Miquel se cayeron bien. Pusieron color a recuerdos grises, comieron paella amarillo-radioactiva, bailaron algún que otro pasodoble y se rieron chillando «¡viejos!» a oídos sordos.

Al regresar a esa Barcelona que ya ni recuerdan cuándo dejó de pertenecerles, cargados con su garrafa de aceite de arbequina de primera prensada, decidieron seguir viéndose.

Han pasado algunos años desde aquella excursión. Hay quien diría que toda una vida; otros, que tan solo han sido veinte vueltas al sol.

Miquel, cabizbajo mientras pilota su tacataca, y Lluïsa, con la espalda erguida por un alambre, acuden todos los días a tomar su café con leche a Can Porró. Se ríen las bromas como dos novietes adolescentes reencarnados en unos cuerpos que ya lo han hecho todo en la vida, pagan siempre en efectivo y se enfadan muy fuerte si alguien los invita sin que se den cuenta.

LA SNOBIZACIÓN DE LO SENCILLO[7]

Después de más de treinta años, sigo intentando descifrar qué matices tiene ese color «especial» con el que Los del Río definían Sevilla en 1991. En cambio, a la hora de hablar de Barcelona, no titubeo al afirmar que es una urbe capaz de colorear de esnobismo todo aquello que se cruce por su camino. Como, por ejemplo, un simple pincho de tortilla.

La tortilla (rellena de lo que a uno se le antoje) es la tapa ideal para repostar en la barra de cualquier taberna. En muchas ciudades españolas, por no hablar de aquellas localidades a las que a duras penas se llega en transporte público, la tortilla que encuentras en los bares cumple con un par de mínimos de calidad incuestionables: cremosidad y precio popular.

En Barcelona no somos de término medio. Lo más habitual es toparse con pinchos que ofrecen esos bares que, al entrar, todo indica que hasta el alma mustia del camarero está de liquidación. Afortunadamente, son pinchos que puedes engullir gracias al chusco de trigo que los acompaña; un pan que se ha comprado a precio de posguerra en alguna franquicia de dudoso prestigio susceptible de salir en Equipo de Investigación. Por otro lado, y contándose con los dedos de una mano, encontramos «las mejores tortillas de Barcelona», que cuestan como un maldito steak tartar y se presentan como si estuviesen elaboradas con huevos de hipogrifo.

Esas «mejores tortillas de Barcelona» solo cumplen con uno de los criterios: la cremosidad. Ni el meneo de la mezcla

---

[7] Artículo original publicado en Barcelona Secreta el 29 de diciembre del 2023 bajo el título *No es tortilla todo lo que reluce*.

de patata y huevo en círculos envolventes ni el chasquido irregular de un puñado de patatas Kennebec puede justificar el precio desorbitado de un icono tan popular. La melosidad de una patata bien pochada y empapada de huevo es lo único que necesita nuestro paladar.

El pincho que te regalan con el café en cualquier bar de León por 1,60 € no tiene nada que envidiar a estas tortillas «marca Barcelona».

Las mejores tortillas son aquellas que, además de cumplir con los mínimos mencionados más arriba, destacan por la humildad de no pretender liderar ninguna clasificación. Pasan desapercibidas entre hordas de borregos cegados por un algoritmo dictador que entiende de colores y contrastes, pero carece de buen gusto.

EL ANFITRIÓN NOS SALVARÁ

El futuro de nuestros bares reside en el factor humano. Ante unas ciudades cada vez más franquiciadas, replicables y clonadas, las personas que se encuentran detrás de una barra representan la resistencia. El bar es una más de las trincheras urbanas que acogen sin juzgar la luz y la oscuridad de quienes entran por la puerta. Las camareras y camareros de nuestra ciudad son los anfitriones del tipo de mundo que queremos y los bares deben persistir como pequeños hogares de acogida, pero con unas normas claras establecidas. La implantación de límites es necesaria para borrar de la mente de la sociedad el recuerdo de que los camareros son personal del servicio y aquella cantinela que decía aquello de «los bares están aquí para cuando a mí me plazca».

Si has llegado hasta aquí, solo te pido una cosa. Elige bien dónde irás a cenar esta noche, porque tu elección repercutirá en la ciudad del mañana.

BRINDEMOS POR LOS MALOS TIEMPOS

Ha dejado el carro aparcado en la puerta como de costumbre. Parece que la mañana ha sido productiva. Lo lleva a rebosar. El motor de una nevera, un microondas, una máquina cortadora de embutido —de las que pesan —, un amplificador Marantz de los noventa —¿quién cojones tira eso? —y de los laterales sobresalen unos tubos metálicos que parecen espadas. Hoy Thomas se sacará unas monedas a cambio de entregar toda esta chatarra.

«¿Me rrregalas un cafffeeé?». Su acento suena igual que el del pitufo gruñón si este fuese una persona de metro noventa con la tez blanca y el cabello rubio.

Thomas suele pasar todos los jueves por Can Porró. Es uno más de los puntos de avituallamiento en su ruta. Se patea la ciudad en busca de todo aquello de lo que los demás nos desprendemos. Algunas cosas las vende y otras las reaprovecha, como las zapas Salomon que lleva puestas. Thomas sabe cómo apropiarse de los excesos consumistas de la sociedad sin que parezca que haya sido atropellado por una avalancha de ropa barata y de baja calidad en el desierto de Atacama. El gorro de lana marrón oscuro no permite que se vean sus orejas. Tan solo quedan al descubierto los lóbulos carnosos y caídos. Va enfundado en una gabardina negra que le llega hasta los tobillos. Le va un par de tallas más grande, pero no le queda nada mal. El jersey beige combina de maravilla con todo su *oufit*, a pesar de las bolas de pelusilla que se acumulan en el cuello vuelto.

—Tengo dos cossssas que desssssirte, una buena y una mala. ¿Por cuál empiecssso?

—Por la buena, no jodamos.

Mientras charla con Miquel, Flora va atendiendo a otros clientes que miran con desconfianza. Thomas habla demasiado alto.

—Puedes vivirrr eterrrrnamente. —Saca un botecillo de canela molida del bolsillo interior de su gabardina y lo muestra como si estuviese sobre un escenario frente a un público multitudinario—. Tienesss que que comerrrr mucho omega-3 y canela.

Flora le entrega el café que le gusta: uno con doble carga y bebida de almendra. Le añade canela sin mesura mientras Miquel le prepara un mini de fuet a una chica que espera en la barra.

—¿Y cuál es la mala?

—La mala es que algún día morrrirrraaás. Grrrasias, amigo.

Ha sentenciado su marcha con la vehemencia de un ser eterno que ha venido del futuro. Thomas se esfuma. Agarra su carro del Aldi repleto de trastos, a la vez que le da un sorbo al café que le acaban de regalar. Desaparece como un viajero a través del tiempo que ha venido para decirles que las cosas allí delante están bastante jodidas para los bares que son como Can Porró.

BIBLIOGRAFÍA

Libros

Adams, C. J. (1990). *The Sexual Politics of Meat: A Feminist-Vegetarian Critical Theory*. Continuum.

Casanovas, M. (2023). *No soc un dels vostres*. Ara Llibres.

Díaz-Mas, P. (2020). *El pan que como*. Anagrama.

Ducasse, A., y Regouby, C. (2018). *Comer es un acto político*. Txalaparta.

Gallego, P. (2024). *Bar Urgel*. Galaxia Gutenberg.

Lander, N. (2013). *The Art Of The Restaurateur*. Phaidon.

Nicolau, M. (2022). *Cocina o barbarie*. Ediciones Península.

Pollan, M. (2014). *Cocinar. Una historia natural de la transformación*. Debate.

Riezu, M. D. (2021). *La moda Justa*. Nuevos Cuadernos Anagrama.

Rueda, J. (2025). *Utopías de barra de bar*. Lengua de Trapo y Círculo de Bellas Artes.

Saladino, D. (2024). *Comer hasta la extinción*. Col&Col.

Shiva, V. (2016). *¿Quién alimenta realmente al mundo?* Icaria Editorial.

Artículos y sitios web

Armengol, C. (2022, 9 de noviembre). *Claves para detectar un bar de mierda*. En The Posttraumatic. Recuperado de https://www.theposttraumatic.com/post/claves-para-detectar-un-bar-de-mierda

Armengol, C. (2023, 13 de junio). *Carles Armengol, la belleza de un buen café en un bar imperfecto*. En Barcelona

Secreta. Recuperado de https://barcelonasecreta.com/
carles-armengol-belleza-buen-cafe-bar-imperfecto/

Armengol, C. (2023, 1 de diciembre). *La extinción de
los bares de toda la vida en Barcelona*. En Barcelona
Secreta. Recuperado de https://barcelonasecreta.com/
extincion-bares-barcelona/

Armengol, C. (2023, 29 de diciembre). *La tortilla buena
de Barcelona según Carles Armengol*. En Barcelona
Secreta. Recuperado de https://barcelonasecreta.com/
tortilla-buena-barcelona-carles-armengol/

Armengol, C. (2024, 13 de julio). *Oda al sándwich mixto: por
qué es un signo de la calidad de un bar y dónde encontrar
los mejores*. En El País - El Comidista. Recuperado de
https://elpais.com/gastronomia/el-comidista/2024-07-13/
oda-al-sandwich-mixto-por-que-es-un-signo-de-la-
calidad-de-un-bar-y-donde-encontrar-los-mejores.html

Armengol, C. (s. f.). *Comer modernamente*. En The
Posttraumatic. Recuperado de https://www.
theposttraumatic.com/news/comer-modernament
e?srsltid=AfmBOopBdMnsDCd19rAoUlLNYMqJ
YH-n3mEMV8NikuC48XWETVpQWRHN

Fanjul, S. C. (2024, 2 de julio). *Cosmopaletismo: cuando todo
es moderno, lo moderno es vulgar*. En El País. Recuperado
de https://elpais.com/espana/madrid/2024-07-02/
cosmopaletismo-cuando-todo-es-moderno-lo-moderno-
es-vulgar.html

Este libro se terminó de imprimir, por encargo de Col&Col Ediciones, el 20 de septiembre de 2025. Ese mismo día, pero de 1952 Gloria Fuertes lee sus poemas por los bares de Madrid con su grupo de poetas Versos con faldas. La tarde de ese día, el que esuchaba frente a una caña oyó decir: *Yo estaba en el bar, / entró un hombre corriente, / se sentó enfrente, / le miré distraída pensando en mis cosas, /—¡me espanté! / tenía cara de no haber dicho «te quiero» en toda su vida.*